CARL ZUCKMAYER

Der Seelenbräu

ERZÄHLUNG

ZEICHNUNGEN VON GUNTER BÖHMER

FISCHER TASCHENBUCH VERLAG

Fischer Taschenbuch Verlag
271.-285. Tausend: Mai 1977

Fischer Taschenbuch Verlag GmbH, Frankfurt am Main
Lizenzausgabe des S. Fischer Verlages, Frankfurt am Main
Gesamtherstellung: Hanseatische Druckanstalt GmbH, Hamburg
Printed in Germany
140-380-ISBN-3-436-00151-1

I

Es war ein Dechant von Köstendorf — zu ungewisser Zeit. Denn in Köstendorf gibt es keine Zeit. Ich ging einmal selbst durch Köstendorf — nämlich Alt-Köstendorf —, ich kam über die hohe Leiten vom Tannberg herunter, es läutete eben Mittag, als ich das Dorf betrat, und da merkte ich gleich, hier war alles Erdenkliche — Sonne und Schatten, Tag und Nacht, Schmeißfliegen, Wirtshaus, Kirchenuhr, Telegraphendrähte, aber keine Zeit. Woran ich das merkte, kann ich nicht genau erklären. Ich hörte die Glocke läuten — ich roch, daß es im Pfarrhaus schmalzgebackene Apfelspalten gab. Ich sah den silbernen Wasserstrahl aus einem Brunnrohr laufen — ich sah, daß das Postamt geschlossen war — und ich sah den alten Christusdorn hinter dem blanken Fenster einer Bauernstube, über dessen ganze Höhe und Breite er sich nach allen Seiten hin ausrankte. Einige seiner um ein Gitter gewundenen Zweige waren mit länglich zugespitzten, graugrünen Blättern besetzt, und kleine rote Blüten wie Blutströpfchen zwischen die langen Stacheln gesprengt, andere schienen dürr und saftlos wie totes Holz, wieder andere trieben grade frisch aus, alles zu gleicher Zeit — und mir fiel ein, daß dieses fremdartige

Gewächs, auch Dornenkrone genannt – wie viele, die in den Blumentöpfen der Bauern heimisch sind –, aus dem Orient stammt und wohl in den Kreuzzügen herüberkam.

Man sah keinen Menschen im Dorf, das in der hellen Sonne ganz leer und ausgestorben lag, nicht einmal einen Hund. Aber in einiger Entfernung, schon halbwegs nach Neumarkt hinunter, stand mit gespreizten Beinen ein alter Mann und hackte Holz. Er war so weit entfernt, daß ich ihn zuschlagen und die Scheiter auseinanderfallen sah, bevor der Hall seiner Axt in mein Ohr drang, und ich mußte denken, daß man grade darin, in diesem klaffenden Spalt zwischen den Wahrnehmungen, der Zeit eine Falle stellen könne und sie darin einfangen wie eine fahrlässige Maus. Auch beobachtete ich, daß der Alte sich beim Holzhacken eine ganze Menge Zeit nahm, also mußte ja eigentlich welche da sein. Trotzdem hätte ich beschwören können, daß es in Köstendorf keine gab. Vielleicht war sie den Leuten hier zu lange geworden, und sie hatten sie totgeschlagen. Oder ich hatte sie selber versäumt und verpaßt, vertrieben, verloren, vertan und verschwendet, während ich da herumstand und ihre Anwesenheit in Zweifel zog. Wie lange ich so stand, kann ich mich auch nicht erinnern. Die Glocke schwang aus, man hörte die Fliegen summen, und mit der goldenen Luft über dem Kirchdach zitterten die gebreiteten Schwingen des Augenblickes ›Ewigkeit‹.

So ist es also für die Kenner Köstendorfs und des Salzburgischen müßig, nachzuforschen, ob der Dechant, der in dieser Geschichte vorkommt, wirklich gelebt hat. Bestimmt ist nicht der jetzige damit gemeint, auch nicht der vorige. Ob der nächste, kann ich nicht versichern. Denn da es in Köstendorf zwar ein Dechanat gibt, aber keine Zeit, so ist es auch möglich, daß der, von dem hier die Rede ist, noch gar nicht geboren wurde.

Seinerzeit aber war er schon hochbetagt, und er herrschte mächtig in seinem Reich, das aus mehreren umliegenden Kirchspielen und einem ungewöhnlich großen Gemüsegarten bestand. In den Kirchspielen sah er nach dem Rechten, was ihm nicht allzuviel Mühe machte, denn die kleinen Streitigkeiten und größeren Ärgernisse, die es dann und wann gab, schlichtete er gewöhnlich ohne viel Worte, indem er seine Stirn blaurot anlaufen und die Augäpfel hervortreten ließ, bis man die Äderchen in ihrer Hornhaut sah. Es geschah dann sofort, was er wollte, und er brauchte es gar nicht erst zu sagen. Denn was er wollte, das wußte man schon. Er wollte, daß alles natürlich und doch gerecht zugehe, worin er keinen Gegensatz erblickte – er wollte auch, daß man sich an die Gebote Gottes und an die Amtsstunden hielt, und hinterher wollte er seine Ruhe haben. Hatte er die, dann ging er in seinen Gemüsegarten, und dort züchtete er nicht nur alles, was an Grünzeug, Kraut und Wurzelwerk auf jeden anständigen Tisch gehört, sondern auch vieles, was der Bauer nicht kennt, nicht frißt und schwer aussprechen kann: Broccoli, Melanzani, Finocchi, Pepperoni und andere vokalreiche Gewächse. Alles, was italienisch klang, hatte es ihm angetan. Hätte man Ravioli oder Scampi pflanzen können, er hätte es bestimmt nicht versäumt. Die grobe Arbeit machte er selbst, die feine erst recht, er grub seine Beete um, düngte und wässerte sie, setzte Pflänzchen, säte und zupfte Unkraut, denn er stammte aus einem Bauernhaus, und er traute nur seinen eigenen grünen Fingern. Das hielt ihn gesund und stimmte ihn heiter. Gesunde Heiterkeit war die Grundstimmung seiner Natur – und die Wut- oder Zornausbrüche, die von seiner Umgebung, besonders den Schulkindern, gefürchtet wurden, waren mehr eine Art von hygienischem Dampfventil, wie das Schwitzen, das Schneuzen oder Räuspern, worin er Gewaltiges leistete. Er war kein homo diplomaticus und schien sein Amt nicht von der weisen Kirche zu haben, sondern direkt vom lieben Gott, der es gerne dem Einfältigen gibt, damit er ihm dann auch noch den Verstand dazu leihen kann. Denn ER ist, im Geben und Nehmen, zur Verschwendung geneigt.

Der Dechant von Köstendorf aber hatte eine unglückliche Liebe, die er selbst wohl für glücklich hielt, das war die Musik. Zwar hatte er ein sauberes Gehör, eine Baßstimme, von der die bleigefaßten Kirchenfenster klirrten, und Hände, mit denen man auf der Orgel anderthalb Oktaven greifen konnte. Aber seine natürlichen Gaben und deren Bildsamkeit standen in keinem Verhältnis zu der Größe seiner musikalischen Leidenschaft, die er in einer fast ausschweifenden, ebenso sklavischen wie tyrannischen Weise bei jeder Gelegenheit betätigte. So erschien er auch in den verschiedenen Schulhäusern des Dechanates fast nie, um den Religionsunterricht, sondern um die Gesangsstunden zu kontrollieren, was ihn eigentlich gar nichts anging. Da aber die Gesangsstunde gewöhnlich von den Junglehrern exerziert wurde, die froh waren, wenn man ihnen ihren mageren Knochen ließ und sie nicht auf den Schwanz trat, gab es nie einen Widerspruch oder eine Beschwerde. Der Dechant röhrte stiermäßig in den dünnen Chorgesang hinein, wenn er fand, daß die Stimme nicht richtig durchkam, stampfte den Takt mit seinem genagelten Stiefel und ruderte mit den Armen unheimlich in der Luft herum. Die Kinder wagten vor Angst kaum mehr zu piepsen, viele hatten einen Knopf im Hals und hätten gern geheult — da er aber selbst so laut sang, merkte er nicht, wie die Klasse immer leiser und stummer wurde. Er nahm wohl auch dem bescheidenen jungen Mann die Schulgeige aus der Hand, kratzte darauf herum, mit seinen dicken Fingern empfindsam tremolierend, und stellte mit den Kindern Gehör-, Stimm- und Gedächtnisprüfungen an, nicht ganz nach den Methoden der pädagogischen Psychologie, aber mit rascherem Ergebnis. — Dann griff er sich einzelne heraus, die wohl oder übel mehr wie ausgehobene Rekruten während eines Krieges in den freiwilligen Kirchenchor eintreten mußten. Auf die Idee, daß einer nicht gewollt hätte, kam er nicht. Für ihn waren sie Begünstigte, Auserlesene. Er überraschte denn auch diejenigen, die sich bei der Probe durch gutes, vor allem lautes Singen auszeichneten, mit unerwarteten Freundlichkeiten. Manchmal schenkte er ihnen sogar ein grasgrünes oder giftrotes Kracherl, eine Fabriklimonade, die ihren Namen vermutlich von dem enormen Gezisch und Gebrodel der hineingepreßten Kohlensäure hat, und amüsierte sich köstlich, wenn die Kinder mit schwachen, eifrigen Fingern versuchten, die als Verschluß dienende Glaskugel in den Flaschenhals zu stoßen, um sich dann, wenn es plötzlich gelang, von oben bis unten anzuspritzen. Der Kirchenchor sang beim Hochamt die liturgischen Antworten und Wiederholungen, intonierte und führte die von der Gemeinde mitzusingenden, in der Diözese herkömmlichen Lieder — aber zu feierlichen Anlässen, besonders zu den hohen Festen des Jahres, ließ der Dechant mehrstimmige Choräle einstudieren, die an den entsprechenden Stellen der Messe, beim Gloria, nach dem Offertorium, vor der Kommunion oder wo immer es angängig war, eingelegt wurden. Seine musikalischen Assistenten waren das Mesnerehepaar Zipfer, Florian und Rosina, welche die hohen und tiefen Stimmen führten — Rosina mit einer ihrem Brustumfang gemäßen opernreifen Sopranstimme, die stets in gleicher Stärke wie die Dampfpfeife eines Schnellzuges dahingellte — Florian mit seinem bierhauchgeschwängerten und nicht immer schleimfreien Raucherbariton. Florian Zipfer spielte auch die Orgel, was manchmal gut ging, wenn es Rosina oder einer der sieben

Zipfer-Töchter gelungen war, ihn Samstag nachts rechtzeitig aus dem Wirtshaus zu holen. Andernfalls kam es zu leichten Störungen seines inneren Koordinatensystems, was dann zu einer Art Ringkampf oder Wettrennen zwischen den Manual- und Pedalklaviaturen führte, nach ziemlicher Verwirrung mit einem klaren Unentschieden endend. Immerhin konnte er es infolge langjähriger Routine kaum verhindern, einigermaßen in der Tonart zu bleiben oder wenigstens darauf zurückzukommen, was Rosina, trotz all ihres heiligen Eifers und ihrer frommen Nüchternheit, nach wenigen Takten als hoffnungslos aufzugeben schien. Die Gemeinde lauschte in andächtigem Schauer oder döste vor sich hin, nur aus dem sogenannten Spötter- oder Heidentempel, dem angestammten, abgesonderten Chorsitz der Brauherrn- und Gastwirtsfamilie Hochleithner, ertönte öfters ein kaum unterdrücktes Gekicher und Gepruste, und einmal wurde sogar eine mitgebrachte Stimmgabel dort angeschlagen, was aber das Ehepaar Zipfer nicht mehr aus dem Takt bringen konnte, aus dem es schon längst heraus war. Der Dechant feuerte in solchen Fällen vernichtende Wutblicke vom Altar herauf gegen das trübe Glasfenster des herrschaftlichen Chorsitzes, der, wie in allen Schloßkapellen, von Schnitzwerk umrahmt, über den Tragpfeilern der Apsis eingebaut und durch einen besonderen Treppeneingang von der Turmseite her zu erreichen war. Er stammte noch aus der Zeit, bevor das ehemalig erzbischöfliche Bräuhaus säkularisiert und der große Grundbesitz der Gegend, samt Burgruine und Wasserschloß, von der reichen Brauerfamilie aufgekauft worden war. Es erschien dann wohl auch hochmütig und herausfordernd der bärtige Riesenschädel des derzeitigen Brauherrn, Matthias Hochleithner, hinterm Glas verschwommen wie eine beklemmende Maske eines Trolls oder Faungotts, und wiegte sich zu dem unsichtbaren Geschepper seines Bauches belustigt hin und her – während der Dechant sich mit beiden Fäusten ans Missale Romanum klammern mußte, um seines unheiligen Zornes Herr zu werden und es nicht als Wurfgeschoß zu benutzen. So kam es, daß der Dechant – den sein künstlerischer Ehrgeiz, vanitatum vanitas, in mancherlei Nahkampf mit einer der sieben Hauptsünden verstrickte – gelegentlich an hohen Feiertagen eine stille Sechsuhrmesse zelebrierte (der nur die alten Weiberchen beiwohnten, die sowieso nicht mehr schlafen können, wenn die Nacht brüchig wird) – und daß er das Hochamt dann von einem befreundeten Amtsbruder halten ließ, um selbst die Orgel zu spielen, den hinter ihm aufgestellten Kinderchor mit Schultern, Kopf und Steiß zu dirigieren und die tiefe Solostimme des eingelegten Chorals, im kanonischen Duett mit Rosina Zipfer, für seine Gemeinde zu singen. Auf diese Gelegenheit freute sich nicht nur die ganze Familie Hochleithner – die sich zur Unterhaltung und Belustigung ihres Oberhauptes, des mächtigen ›Herrn Bräu‹, schon wochenlang vorher in ironischen Imitationen und Bewitzelungen des zu erwartenden Kunstgenusses erging –, sondern die gesamte Schuljugend der verschiedenen dem Dechanat angehörenden Ortschaften, die es nötig hatte, sich von ihrer archaischen Angst und ihrem unheimlichen Respekt vor dem Dechanten durch ein heimliches Gelächter zu erlösen. Wenn es, in der Karwoche etwa, bekannt wurde, daß der Hochwürdige Pater Schießl vom Salzburger Chorherrnstift, ein großer Fasten- und Bußprediger der Diözese, die Ostermesse lesen, der Dechant aber den Choral singen werde, dann war die Kirche zum Hochamt so überfüllt, daß kein abgeplatzter Hosenknopf, kein noch so dünnblättriges Heiligenbild, kein Malzzuckerl aus einem unachtsamen Mundwinkel und keine Haarschleife aus den gebrannten Locken der Mädchen mehr zu Boden fallen konnte. Kämpfend zwi-

schen Andacht, Schläfrigkeit und gespannter Erwartung, wie das Publikum bei gewissen Aufführungen des Wiener Burgtheaters, wo man den ganzen Abend auf das Erscheinen eines bestimmten Lieblings in einer bestimmten Szene harrte, ließ die Gemeinde den größeren Teil des Hochamts samt Spiel, Gesang und Predigt wie stets vorübergehen, um ihre volle Aufmerksamkeit auf den Genuß des einen, unfehlbar kommenden Augenblicks zu versammeln.

Der Dechant nämlich war in seinem musikalischen Geschmack und in der Wahl seines Festprogramms äußerst konservativ. Die alten, zerlesenen Notenblätter von Stefan Wagners ›Feierlicher Messe in G-dur‹ wurden immer wieder von Florian Zipfer ausgeteilt und eingesammelt. In dieser Messe gab es einen bestimmten zweistimmigen Choral, den der Dechant besonders liebte, vielleicht weil er ihm die Gelegenheit zu einem Fortissimo gab, und der, falls er selber sang, zwischen Paternoster und Kommunion auf alle Fälle ertönte. Die Baßstimme begann im Solo und hielt dann den langen Ton, während Rosina Zipfers schriller Sopran in jubelnden Lagen einfiel und darüber aufstieg.

Da der Dechant auf Artikulation und Aussprache große Stücke hielt, konnte man sogar die Worte verstehen, besonders wenn man sie ein Jahr lang erwartete. Sie gingen in der Schlußstrophe folgendermaßen:

Baß: Oh, stille meu——n
Sopran: Oh, stille mein Verlangen
Baß: Du Seelenbräu –
Sopran: Du Seelenbräutigaham
Baß: –tigam
Beide: Dich geistlich zu empfangen –
Du wah–res Os–ter–lamm.

Sobald der ›Seelenbräu‹ erklang, ging es wie ein leises Rauschen durch die Kniebänke, und wenn man nach dem Ite und dem Segen in die blendende Mittagssonne hinaustrat und ein Gewimmel von feierlichem Schwarz und Weiß sich über die holprigen Steine der Kirchhofstreppen ergoß, flog das Wort unter Lachen und Lächeln von Mund zu Mund. In Köstendorf und Umgebung hatten die beiden großen Repräsentanten der weltlichen und geistlichen Macht, der Wirts-, Guts- und Brauherr Matthias Hochleithner und der Dechant, jeder seinen feststehenden Spitznamen. Im Gegensatz zu Matthias Hochleithner, den man den ›Leibesbräu‹ nannte, hieß der Dechant bei jung und alt der ›Seelenbräu‹.

Während man von dem Dechanten zwar sagen konnte, daß er eine Seele von einem Menschen war, obwohl seine irdisch-fleischliche Erscheinung sich absolut nicht wegdenken ließ und ihr lautes Recht verlangte – schien der Herr Bräu Matthias Hochleithner wirklich nur aus Leib zu bestehen.

Und aus was für einem Leib. Wenn da vielleicht doch eine Seele drinnen war, so mußte sie in dieser füllig-massiven Gemächtigkeit eher zerquetscht oder von den Stürzen und Güssen des Nachschubs verschüttet werden, und bestimmt nahm sie weniger Platz ein als das Nierenfett oder die Leber. Der Schneider Matuschek, wie alle guten Schneider böhmischer Abkunft, brachte herum, daß er für die Lederhosen des Herrn Bräu das doppelte Maß an Bockshaut verbrauche wie für seine eigenen, und er wog, ein Hohn auf die Legende von dem mageren Schneiderlein, in der Früh seine hundertfünfzehn Kilo, und nach dem Nachtmahl drei mehr. Der Herr Bräu aber trug nur recht selten die einheimischen Ledernen oder die graue Joppe mit den Hirschhornknöpfen und den langen, dunkelgrün passepoilierten Landeshosen. Er hatte eine Schwäche für den Stil und die Kleidung der großen Welt. Alle paar Jahre reiste er nach London, nicht ohne eine ausgiebige Station in Paris zu machen, das er, was Lebenskunst betraf, höher schätzte. Für seine Anzüge jedoch genügten ihm die weltberühmten Firmen von Prag und ihre Wiener Filialen keineswegs. Den beliebten Knize, bei dem sich Künstler, Erzherzöge und Gigolos einkleiden ließen, nannte er ›demimondän‹ oder ›pervers‹. Sein Geschmack konnte nur durch die Arbeit eines jener schweigsamen Herren von Bondstreet oder Pall Mall befriedigt werden, die man so leicht mit dem von ihnen bedienten Oberhausmitglied verwechselte. Das Merkwürdige war, daß ihm solche aus edelsten Stoffen ebenso seriös wie leger gemachten Kleider tatsächlich standen. Dieser enorme Fleischklotz von einem Menschen, dieser Pithekanthropus an Glieder- und Knochenbau, schien in einen jener dunkelflauschigen, kaum sichtbar gemusterten Nachmittagsröcke, über leicht fallenden, einfarbigen, etwas heller getönten Tweedhosen, in ein rohseidenes Hemd und nach Maß gemachte Boxcalfhalbschuhe – das Paar für drei Guineas – gradezu hineingeboren. Wenn er im Brauhaus die Arbeit kontrollierte, von der er jeden kleinsten Handgriff selbst zu tun verstand, oder in den Ställen und Scheunen herumstieg, dann liebte er es, den ältesten, verdrecktesten Leinenjanker und die speckigsten, ausgebeultesten Kutscherhosen zu tragen, die man im Alpenvorland finden konnte. Er liebte es auch, mit seinen Brauknechten Kegel zu schieben oder im kühlen Vorgewölb des Wirtshauses bis zum frühen Morgen mit ihnen durchzusaufen. Er liebte den Krach und den Schweiß der überfüllten Tanzböden bei einer Hochzeit oder einem Volksfest, das Gedränge zwischen den Kirtagsbuden, den Dampf der riesigen Gulasch- oder Rindfleischkessel in der Gasthausküche, den schalen Tröpfeldunst in der Schenk und den modrigen Faßgeruch im Keller. Er konnte fluchen wie ein Viehtreiber, rülpsen wie ein Walroß, das man mit Bier und Radi gefüttert hat, und seine Sprache war nur für gelernte Köstendorfer verständlich. Er liebte die derbsten Witze und den unartikulierten, lallenden Gesang der angetrunkenen Bauern, ihr Schreien, wenn sie den Tanz ›einsprangen‹, ihr Gejohle beim nächtlichen Heimweg, ihr Gestoß und Geranze mit den Weiberleuten und ihre hirschmäßigen Raufereien. Aber in seinen privateren Neigungen war er, wie er selbst es zu nennen pflegte, ein ›Tschentlemann‹. Und das bildete er sich nicht nur ein. Er war es wirklich. Mit all seiner grobianisch ungehobelten Natur war er kein Grobian, kein Kaffer, kein ordinärer Mensch. Mit all seinen noblen Passionen und ihren üppigen Auswüchsen war er kein Snob, kein Hochkömmling ›sine nobilitate‹. Eine gewisse Vornehmheit, nämlich Großherzigkeit, ein sicheres Geltungs- und Maßgefühl, noch im Wüsten und Maßlosen, war sein bestes Teil, nicht angelernt, kaum je bedacht, sondern selbstverständlich. Denn er war der echte, vielleicht der letzte Sproß einer echten Aristokratie, wenn sie auch nur aus Bierbrauern und Gastwirten bestand. Aber wo Aristokratie etwas Wirkliches und nicht nur Angemaßtes ist – da bedeutet sie nie etwas anderes als die aus der Übung und Haltung eines Standes erwachsene echteste und möglichst vollendete Menschenart – soweit sich Menschenart zur Vollendung eignet. Das Hochleithner-Wirtshaus ›An der Straß‹, in dessen mit geblümtem Stoff tapezierter Wochenstube der jetzige Herr Matthias, wie all die früheren Matthiasse, zur Welt gekommen war, wurde schon in einer Chronik vom Jahre 780 erwähnt. Seitdem war es wohl zu ungezählten Malen abgebrannt, eingerissen, umgebaut oder neu errichtet worden, aber die heutigen Grundmauern und die meterdicken Steinwände seines Unterbaus waren bestimmt nicht jünger als drei- bis vierhundert Jahre – und die verschiedenen ererbten Geräte und Möbelstücke, Kupferpfannen und Zinnkrüge, Steinmörser und Holzschüsseln, Bettstellen, Kästen, Ofengitter, Standspiegel und Bilder, womit die mächtigen Wirtsstuben und die saalartig geräumigen Gästezimmer ausgestattet waren, gingen von der frühen Renaissance bis zum späten Biedermeier durch alle guten Zeiten. Was dann hinzugekommen war, wirkte degeneriert und mittelmäßig – aber es war nicht viel. Selbst die elektrischen Birnen hatte man nach Möglichkeit in die alten eisernen Laternen und Hängelampen oder in große Holzräder und bemalte Roßkummete eingebaut, wie man sie früher zur Kerzenbeleuchtung verwandte.

Matthias Hochleithner war unverheiratet, und er wohnte nicht mehr im Wirtshaus, dessen sämtliche alten Räume er einschließlich der Wochenstube, des Spukzimmers und des Spinnkabinettchens seiner Großmutter als guter Geschäftsmann vermietete. Für sich selbst hatte er etwa zehn Minuten oberhalb des an die Wirtschaft anschließenden Brauhauses, in einem parkartigen Wiesen- und Baumgelände, das, von einer Mauer umzogen, in gepflegter Verwilderung strotzte, ein herrschaftliches Haus gebaut, seines klassischen Stils wegen die ›römische Villa‹ genannt. Da er aber den größeren Teil seiner Zeit, vor allem die Abende, teils aus Pflicht, teils aus Lust, im Wirtshaus verbrachte und es nicht immer auf ganz festen Beinen verließ, hatte er sich aus glattgehobeltem, splitterlosem Holz ein Geländer machen lassen, das wie eine Schiffsreling erst an der Seitenwand des Bräu entlang, dann die kastanienbestandne Allee hinauf längs der Parkmauer, und schließlich direkt zur Eingangstür seines ebenerdigen Schlafgemachs führte. Nicht nur in finsteren Sturmnächten, sondern auch in den stillen, mondhellen, oder im lichten Frühnebel, konnte man öfters den Herrn Bräu beobachten, wie er ganz allein, Hand für Hand und Fuß für Fuß, sein Lebendgewicht an jenem Geländer bergauf zog, wobei er manchmal stehenblieb, um einem Urlaut Luft zu geben oder in der Erinnerung an ein komisches Ereignis, einen gelungenen Scherz laut aufzulachen. Warum er nicht geheiratet hatte, was bei seinem Stand und seiner ländlichen Umgebung ganz ungewöhnlich war, konnte niemand sagen, und er selbst schwieg sich darüber aus. Überhaupt war er ein Mensch, der trotz seines offenen, ungenierten Wesens recht unerschließbar war, man konnte nie wissen, was er eigentlich dachte — oder was in ihm vorging, wenn seine großen dunkelbraunen Augen, während der Mund noch lachte oder Virginiawolken paffte, sich plötzlich in einer dämmerhaften Melancholie vertrübten. Er hatte wohl auch ein Leiden, etwas Internes, was ihn manchmal mit wütenden Schmerzkrämpfen überfiel und für ein paar Tage aufs Lager warf. Der alte Dr. Kirnberger jedoch, der einzige, zu dem er Vertrauen hatte und der in solchen Fällen mit seinem Pferdewägelchen herantrottete, pflegte, wenn ein besorgter Verwandter ihn nach dem Patienten fragte, nur zwischen zusammengebissenen Zähnen herauszuzischen: »Z'viel g'fressen, z'viel g'soffen.« Und nach kurzer Zeit, die der Herr Bräu stets ganz allein, in seinem Schlafzimmer eingeschlossen und nur von der tauben Nanni bedient, verbrachte, erschien er in ungebrochener Laune und Robustheit und begann ohne Übergang alles, was schwer und fett war, zu verspeisen.

Sonst aber lebte er keineswegs allein. Fast das ganze Jahr über, besonders während der Ferienzeiten im Sommer, um Weihnachten oder Ostern herum, hatte er die Villa voller Gäste, die größtenteils seiner näheren und ferneren Verwandtschaft angehörten, und zwar hauptsächlich die schlechter gestellten oder verarmten Zweige. Dies entsprang nicht allein der Tugend christlicher Nächstenliebe und Mildtätigkeit. Sondern Matthias Hochleithner hatte eine ausgesprochene Lust an großer Hofhaltung und an Gefolge.

Zwar wollte er keine demütigen, unterwürfigen, pump- oder erbschaftslüsternen Vasallen und Kreaturen. Er machte sich nichts aus Schmeichelei, die er durchschaute — er verachtete Feigheit, haßte Servilität und Intrigen. Was er wollte, war unterhalten zu werden, und zwar möglichst gut unterhalten — ohne daß er selbst sich allzusehr dabei anstrengen mußte. Er umgab sich deshalb gern mit solchen Leuten, die an seiner Unterhaltung ebenso interessiert waren wie an ihrer eignen, die seine Mucken und Sonderlichkeiten kannten und verstanden, und mit denen er sich, der selbst keinen Hausstand hatte, wie ein Patriarch oder Stammeshäuptling — so wie es eben seinem Gewicht und seiner Stellung entsprach — sehen lassen konnte. Der Hochleithnerische Stammtisch im Wirtshaus, schon mehr eine Tafel, um den riesigen Kachelofen herumgebaut, manchmal von fünfzehn bis zwanzig Familienangehörigen aller Altersstufen besetzt, dem der Herr Bräu in seinem breiten Armlehnsessel präsidierte, war denn auch wirklich ein imposanter Anblick. Außerdem hatte er herausgefunden, daß die Ärmeren unter seinen Verwandten im allgemeinen die phantasievolleren und amüsanteren waren. Sie hatten auch mehr Zeit und machten längere Ferien. Für die anderen wohlbestellten Wirte und Brauer in seiner Schwäger- und Vetternschaft, die zwischen Salzburg und Innsbruck, Passau und Linz, Graz und Steyr in den berühmtesten alten Gasthöfen saßen, hatte er mehr Spott oder Geringschätzung übrig, er bezichtigte sie der Hausbackenheit und Engstirnigkeit, denn er wußte, daß sie sich ihrerseits gern über seine Reisen und seine weltläufigen Ambitionen lustig machten. Für die Mitglieder seiner ständigen Hofhaltung aber zeigte er oft eine ebenso unberechenbare wie ernsthafte und tiefgehende Anteilnahme, besonders für die Schicksale der jüngeren, heranwachsenden Generation. Es kam vor, daß er — niemals auf Grund von Bitten oder gar Bettelei, immer nur aus eigenem Antrieb — in schwierigen Fällen fast übertrieben große Hilfe leistete — worüber er sich nicht nur Danksagungen, sondern jede Erwähnung verbat. Anderseits war seine Generosität in hohem Maß mit seiner eigenen Laune und Lustbarkeit verbunden. Er brauchte Gesellschaft und Kumpanei für seine derberen und kultivierteren Genüsse. Er war kein Mann der heimlichen Gelüste und abgesonderten Vergnügungen. So kam es, daß mancher Köstendorfer Fuhrmann oder Viehschlachter den Unterschied zwischen den Whitestaples und den Selected Imperials, zwischen englischen, französischen und holländischen

Austern kannte, wie sie oft während des Winters in metallverschlossenen Eisfäßchen mit der Bahn ankamen – daß es Mühlbauern und Forstgehilfen gab, die wußten, wie man einen Burgunderpfropfen aufzieht, einen Pommerykorken knallen läßt, und wie ein alter Paul Roger oder ein Piper-Heidsieck gekühlt sein müsse. Und während an Feiertagen ganze Prozessionen von Salzburgern zur ›Straß‹ hinauspilgerten, um das von Matthias Hochleithner gebraute ›Köstendorfer Spezial‹ zu kosten, ließ er für sich selbst – und für seinen Stammtisch natürlich – das teure Pilsener aus Böhmen kommen, dessen frischen, zartbitteren Geschmack er unnachahmlich fand. In jüngeren Jahren hatte er manchmal mitten in der Woche Feiertag verkündet und seine Brauknechte im vierspännigen Pferdewagen, später im Auto, mit nach München genommen, wo er sie nach stundenlangem Besuch des Hofbräuhauses oder des Oktoberfestes zu einer großen Oper, etwa der ›Götterdämmerung‹ oder dem ›Tristan‹, in eine Loge des Prinzregententheaters einlud. Ihr rhythmisches Schnarchen während des Liebestodes muß den verzückten Wagnerianern recht arg auf die Nerven gegangen sein. Seit sich sein dicker, schwarzer Vollbart mit Silber durchzog (und die geheimnisvollen Anfälle häufiger wurden), reiste er weniger. An seiner Hofhaltung und seiner heimischen Lebensweise änderte sich nichts. Die Feste wurden gefeiert, wie sie fielen, die Arbeit des Alltags nahm ihren steten Verlauf, ohne sich aufdringlich bemerkbar zu machen, die Gäste kamen und gingen.

Ein ständiger Gast aber, oder schon mehr ein Kind im Hause, war Matthias Hochleithners verwaiste Nichte, die Clementin. Ihre Mutter war seine einzige Schwester gewesen, an der er in seiner Jugend sehr gehangen hatte – ihr Vater ein mittelloser ungarischer Baron. Man hätte die Clementin also ruhig Baroneß nennen dürfen. Aber im Dorf hieß sie nur ›Das Fräulein‹, und darin lag mehr Respekt und Einschätzung, als das höchste Adelsprädikat bedeuten könnte. Ihre beiden Eltern waren, als sie fünf Jahre zählte, bei einem Zugunglück in der Schweiz ums Leben gekommen. Hinterlassen hatten sie fast nichts, denn es war eine Heirat gegen den Willen der Brauteltern gewesen, der junge Baron galt als Spieler und Luftikus. Clementins Mutter hatte, da sie ihn liebte, auf ihr Erbteil verzichtet, und die Mitgift hatten sie, vor ihrem frühen Ende, glücklich durchgebracht. In der ersten Zeit wurde die Clementin in einem Kloster erzogen und verbrachte nur die Ferien bei ihrem Onkel Matthias. Eines Tages aber, sie mochte etwa zehn sein, weigerte sie sich am letzten Ferientag, in ihre Klosterschule zurückzufahren. Sie machte dem Herrn Bräu eine furchtbare Szene, der er hilflos gegenüberstand und die seine machtvolle Autorität vollständig außer Gefecht setzte – sie klammerte sich an ihn an und erklärte, daß sie sterben müsse, wenn sie nicht hierbleiben dürfe, daß man sie im Kloster zwinge, sich in Hemd und Hosen zu waschen, worin sie nach der sommerlichen Unbefangenheit, dem Baden im See, der freizügigen Lebensweise, eine besondere Demütigung erblickte, sie schwor, daß sie sofort aus dem Dachfenster auf die gepflasterte Straße springen werde, wenn man sie mit Gewalt wieder hinbringen würde. Am nächsten Tag legte Matthias Hochleithner einen seiner besten englischen Anzüge an – Pfeffer-und-Salz mit lichtgrauem Seidenhemd und langer dunkler Krawatte –, wählte sehr sorgfältig den Hut, einen ›Homburg‹ à la Eduard VII., für seine Kopfnummer besonders hergestellt – und fuhr allein zur Klosterschule. Die Audienz, die er dort bei der Frau Oberin hatte, war für beide Teile ein einziger Gipfel von Verlegenheit. Auf die Frage, ob es wahr sei, daß die Mädchen sich in Hemd und Hosen waschen müßten, sagte die Oberin – übrigens eine besonders liebenswürdige, fast damenhafte und souveräne Erscheinung –, das unterstehe mehr oder weniger dem Bemessen der einzelnen Aufsichtsschwester. Auf Sauberkeit lege man größten Wert, einmal die Woche werde warm gebadet, was der Herr Bräu normal fand. Die Aufsichtsschwestern jedoch hätten zum Teil sehr strenge Begriffe von der jungfräulichen Züchtigkeit, so daß die völlige und unnötige Entblößung des Körpers, sowohl vor fremden wie vor eigenen Blicken, nach Möglichkeit vermieden werde. – Man wäscht sich also wirklich, sagte der Bräu, in Hemd und Hosen. – Die Frau Oberin errötete, erst ärgerlich, dann in einer Art von Verwirrung, und plötzlich sagte sie, mit einem freimütig lächelnden Blick in Matthias Hochleithners Gesicht, der nun ihn zu einer Art von Erröten brachte: »Ihre Nichte ist ein sehr natürliches und aufgewecktes Kind. Ich glaube, der Gegensatz zwischen der Umgebung in ihren Ferien und dem Klosterleben in der Schulzeit ist eine zu große Belastung für sie. Die meisten Mädchen hier, auch die Schwestern, kommen aus engen und kleinen Verhältnissen. Vielleicht sollten Sie sie in eine weltliche Schule geben. Oder, noch besser, ihr ein richtiges Heim bieten. Sie haben doch selbst keine Kinder?« Matthias Hochleithner empfahl sich rasch, und die Clementin kehrte nicht ins Kloster zurück. Ihr Jubel kannte keine Grenzen, sie lief sofort in die Küche, in die Ställe, ins Bräu und teilte allen Knechten und Mägden mit, daß sie nun immer bei Onkel Matthias bleiben werde. Der aber fühlte sich durch die Anstiftung der Frau Oberin in ein schweres Dilemma versetzt. Er merkte auf einmal, daß er das Kind gern hatte, und die Beweise ihrer Anhänglichkeit erfüllten ihn mit einem ganz unbekannten Gefühl, dessen er sich fast etwas schämte. Auch gab es eine Menge kaum lösbarer Probleme. Die anderen Verwandten, besonders die weiblichen, die sich sonst um das Kind zu kümmern pflegten, waren alle abgereist. Die taube Nanni war zu g'schert, er mußte sich selbst mit Einzelheiten befassen, zu denen er sich nicht geschickt fühlte. Dazu kam, daß in der verwandtenlosen Zeitspanne mancherlei andere Besuche ins Haus standen, die er jetzt wohl absagen müßte. Denn wenn er auch unverheiratet war, lebte er keineswegs wie ein Mönch. Es war alles höchst kompliziert, vor allem die Schul- und Erziehungsfrage. Und da er niemand anderen hatte, der sich damit auskannte und mit dem er den Fall besprechen konnte, besuchte er eines Tages den Dechanten.

Die beiden Männer standen nicht allzu gut miteinander. Der Dechant sah in Matthias Hochleithner einen heidnischen Barbaren, gegen den man eigentlich mit Kreuz und Schwert zu Feld ziehen müsse – der Herr Bräu nannte den Dechanten einen geistlichen Bauernlackel, Dreschflegelpapst, Sauschwanzapostel. Der Dechant hinwieder ließ in der Predigt Bemerkungen fallen wider die Bierdimpfe und Frißlinge, deren Gott der Bauch sei, – was den Brauherrn zu despektierlichen Reden über die einheimische Kirchenmusik und gewisse Raben, die sich für Nachtigallen halten, anreizte. Jedem kam unentwegt zu Ohren, was der andere über ihn sagte und dachte. Trotzdem hatten sie beide eine Art von heimlicher, schwer erklärbarer Achtung voreinander, die sie nie direkt eingestanden hätten. Es war die gegenseitige Anerkennung feindlicher Großmächte, die einander gleich stark wissen, und wenn sie sich öffentlich trafen, tauschten sie auch die entsprechenden diplomatischen Höflichkeiten aus. Jeder war der Herr seiner eigenen, in sich geschlossenen Welt – aber im Grund waren sie beide auf dem gleichen Mist gewachsen, wie er in Alt-Köstendorf im Winter die Graswurzeln wärmt. Vielleicht hatte der Leibesbräu erwartet oder insgeheim erhofft, daß ihm der Seelenbräu abraten würde, das Kind zu behalten, denn er mußte ihn ja für denkbar ungeeignet zur Aufzucht einer christlichen Jungfrau erachten. Aber der Dechant äußerte keine Bedenken. Ihm schien alles recht einfach. Der Graf Uiberacker im nahen Schloß Sighartsstein hielt einen Hauslehrer, dort könne man sie bestimmt am Unterricht teilnehmen lassen. Später mochte sie vielleicht mit den Schloßkindern in die tägliche Salzburger Schule fahren. Wenn sie es im Kloster nicht ausgehalten hat, meinte der Dechant, würde sie in einem anderen Internat auch nicht anwachsen. So ein Kalbl, sagte er, muß wissen, wo sein Stall ist.

Er hatte dabei einen kleinen Hintergedanken. Das Mädchen Clementin hatte eine ungewöhnlich hübsche, frische und biegsame Singstimme. Sie war ihm bei einer Fahnenweihe aufgefallen, und er hörte sie schon in seinem Kirchenchor. Die beiden Herren tauschten noch einige allgemeine Bemerkungen, steckten sich eine Virginia an und besichtigten das neue Glashaus im Gemüsegarten.

»Ich behaltet's«, sagte der Dechant beim Abschied.

»Vielleicht probier ich's«, sagte Matthias seufzend, »auf ein Vierteljahr.«

Das war nun siebenmal vier Vierteljahre her.

Mit zehn war die Clementin eher ein Waserl, stumpfnäsig, flachshaarig, sommersprossig, stekkerlbeinig, nicht gerade hübsch, aber alert und

possierlich wie ein Eichhörnchen. Mit zwölf, nach zwei Jahren beim Leibesbräu, war sie so dick geworden, daß die Buben ihr auf dem Schulweg ›Wurscht‹ oder ›Blunzen‹ nachriefen: Und sie konnte zurückrufen, daß den abgehärtetsten Buben grauste. Das Dicke stand ihr aber besser zu Gesicht, ihre Haut war rosig, ihre Haare glänzten, ihre Augen bekamen das tiefe Dunkelbraun, wie es den groben Zügen ihres Onkels die nokturne, fast exotische Sonderheit verlieh. Zigeuneraugen, nannte es der Dechant mit einer Mischung aus Tadel und Bewunderung. Mit vierzehn schoß sie ganz plötzlich in die Höhe, ohne jedoch die Proportion zu verlieren, und mit fünfzehn hatte sie die Figur einer blühenden jungen Frau. Sie war nicht schlank, recht füllig, doch groß genug, mit hoher Brust und weichen runden Schultern — auch die Gliedmaßen, Arme und Beine, waren stramm und kräftig, eher derb, aber ihre Hände so schön und nobel wie die einer flämischen Madonna. Ihre Hüften und Schenkel hätte man fast plump nennen müssen, wäre ihr nicht eine fabelhafte und völlig unbewußte Grazie der Bewegung eingeboren worden, die Leichtigkeit einer Hirschkuh, das Stehn und Schreiten eines göttlichen jungen Tieres. Die gleiche lebhafte Anmut wohnte auf ihrem starken, unregelmäßigen Gesicht, das einer Bäuerin und einer Fürstin gehörte, einem spielgelüstigen Kind und einer träumerischen Dame.

Das Kind in ihr war frech wie ein Rohrspatz, unzähmbar, schnabel- und krallenscharf, schlagfertig, spottgewandt – gefährlich, in Angriff und Abwehr, für Langsame, Blöde, Stumpfe –, oft rücksichtslos, manchmal grausam und niemals roh. Wo sich die Frau regte, war sie schon in der Knospe so mild und feurig wie ein alter Wein, dem ewige Jugend eignet. Und selbst ein solcher Wein muß flach und sauer werden – wenn nicht zur rechten Zeit der rechte Trinker kommt.

Der Seelenbräu hatte seinen Rat nicht zu bereuen. Die Clementin schmetterte wie eine Amsel im Kirchenchor, sie war mit ihrem hellen Sopran und ihrer Sangesfreude die Stütze des rechten Flügels, wo die Mädchen standen – ja, er hätte sie längst die Soli singen lassen, wäre das nicht eine tödliche Kränkung für Rosina Zipfer gewesen. In ihre sonstige Erziehung mischte er sich nicht ein. Es schien alles normal zu gehen, sie fuhr täglich nach Salzburg zur Schule, die eine Fahrt mit dem Sighartssteiner Gutswagen, die andere mit der Nachmittagspost. Von der Schule kam weder Lob noch Tadel, aber manchmal eine Beschwerde der Postpassagiere, daß sie im überfüllten Wagen eine lebendige Maus aus der Falle gelassen oder der alten Gräfin Uiberacker statt ihrer Hand eine kalte Hühnerklaue gereicht habe, was für eine kurzsichtige und nervöse Dame ein sehr unangenehmes Gefühl ist und leicht zu Anfällen führt. Matthias Hochleithner lachte sich schief über solche Delikte, brachte sie sogar noch auf Ideen—und bis sie zur Kenntnis des Dechanten kamen, waren sie schon überholt und vergessen. Persönlich hatte er niemals Grund, sich über Disziplinlosigkeit und kindische Unvernunft von seiten der Clementin zu beklagen. Ihm gegenüber war sie anders. Zwar war sie eines der wenigen, vielleicht das einzige Kind im Dorfe, das überhaupt keine Angst vor ihm hatte. Sie verkehrte mit ihm in einer ernsten und respektvollen Weise, wie mit jemandem, mit dem man durch ein gemeinsames, heimliches Medium verbunden ist. Dieses Medium war die Musik. Nach der allerersten Prüfung, die er in der leeren, hallenden Kirche mit ihr angestellt hatte, kam er ganz aufgeregt ins Wirtshaus gestürzt, bestellte sich ein Krügel Bier und sagte zu Matthias Hochleithner, der ihn an seinen Stammtisch gebeten hatte, mit einer Art von Schauer in der Stimme:

»Die Clementin hat das absolute Gehör.«

»Mein«, sagte der Bräu, um ihn zu ärgern, »brauchet man da ein Doktor?«

Er fuhr noch eine Weile fort, sich dumm zu stellen, aber der Dechant schien so erschüttert über seine Entdeckung, daß er kaum hinhörte und nicht einmal wütend wurde, wodurch das ›Pflanzen‹ für Matthias Hochleithner den Reiz verlor. Er sah schließlich auch selber ein, daß man eine solche Gabe nicht verkommen lassen dürfe, und es wurde beschlossen, daß die Clementin einen besonderen Musikunterricht erhalten solle, den der Dechant persönlich übernahm.

Er hatte auch gerade genug Ahnung von den Grundlagen des Klavier- und Geigenspieles, vom Notenlesen, Blattsingen und vom einfachen Kontrapunkt, daß es in den ersten Jahren anging, und zwar für ihn selber oft mühevoll, bei der Clementin spielend. Sie übte und lernte fleißig, was er ihr aufgab, und brauchte sich dabei wenig anzustrengen, es flog ihr zu, daß ihr Meister kaum Schritt halten konnte. Sie zeigte keine besondere Begabung oder Lust für eines der Instrumente – ihre ganze Freude und Fähigkeit konzentrierte sich auf den Gesang. Die Stimme wuchs mit ihr wie ein grünes Bäumchen, mit Ausnahme jener Zeit vor dem Aufschuß, wo sie im Fett steckenzubleiben schien. Dann aber schwoll sie und füllte

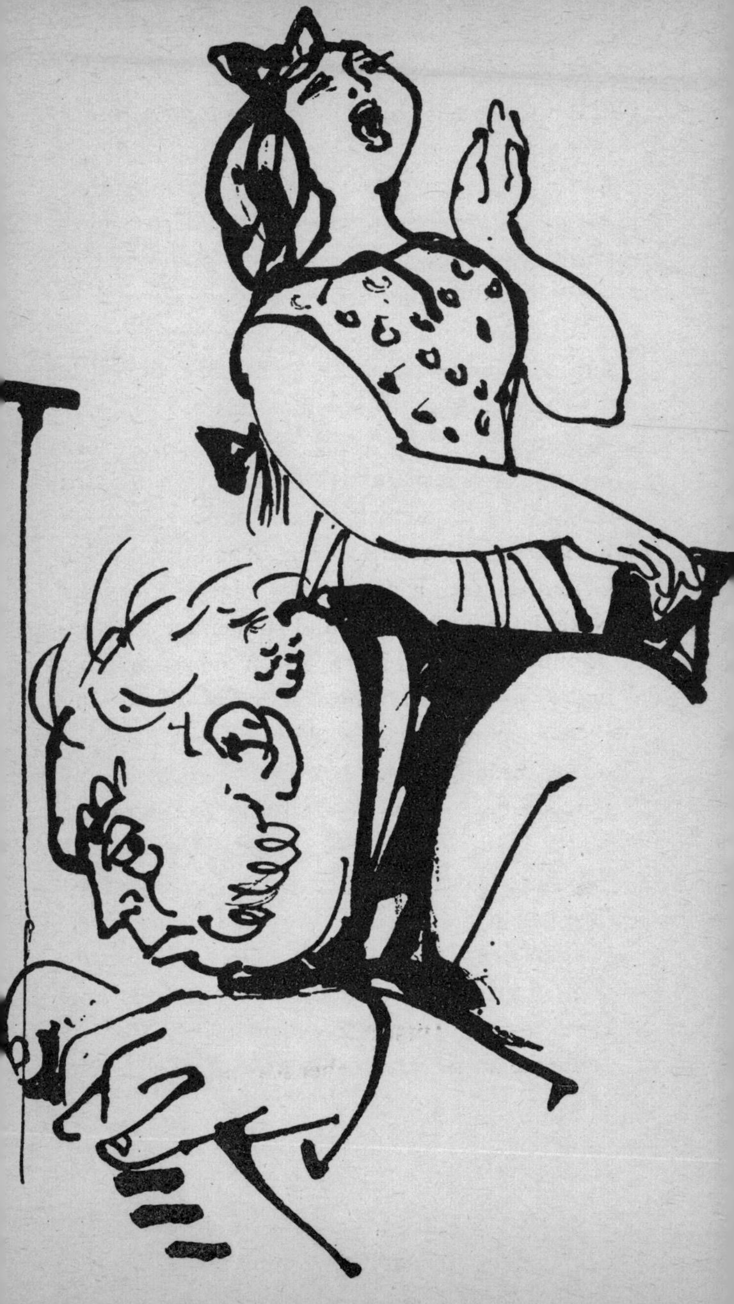

sich wie ein Bachwasser im Frühling, es war, als ob all die ungelebte Kraft, die in diesem strotzenden jungen Körper hauste, in ihr sich entschleusen und ausströmen wollte. Sie mußte sich im Chor Gewalt antun, um nicht alle anderen zu übertönen. Wenn sie sich im Musikzimmer der ›römischen Villa‹, zur abgehackten Begleitung des Dechanten, an den ›Linden Lüften‹ versuchte, stellten die Knechte im Brauhaus drunten ihre stuckernde Dampfmaschine ab und lauschten in den schweiß- und hefedünstigen Steingewölben der über Hügel und Park durch die dicksten Wände quellenden Jubelbotschaft, daß sich nun alles, alles wenden müsse.

Auch der Seelenbräu, unter seinem Kampf mit den Tasten, lauschte nicht ohne Rührung und leise Besorgnis. Die Stimme, die Musikalität, das Wissen und Können des jungen Mädchens, alles begann ihm über den Kopf zu wachsen. Er mußte sich sagen, daß sein Unterricht nicht mehr ausreichte, ja eher einen Hemmschuh bedeutete. Es war ihm unter qualvoller Selbstprüfung der Verdacht aufgestiegen, daß er sie verdarb, an dilettantische Unarten gewöhnte, die natürlichen Mittel ruinierte. Es kostete ihn keine geringe Überwindung, aber eines Tages machte er ihr selbst und ihrem Onkel den Vorschlag, sie beim

Salzburger Mozarteum als Schülerin anzumelden.
Matthias Hochleithner war sofort einverstanden, aber die Clementin selber war gar nicht so entzückt, wie man es hätte erwarten sollen. Oder aber, sie zeigte es nicht. Vermutlich wußte sie, was dieser Schritt für den Dechanten bedeutete, und sie bestand auch darauf, daß die gewohnten Stunden weitergingen, das heißt, daß er sie zweimal die Woche beim Üben kontrollierte und begleitete. Für diese Stunden, deren Gegenstand immer schwerer wurde, mußte er selbst heimlich mehr üben als die Clementin. Aber sie waren die unerwarteten Sternschnuppen und Meteore in dem dämmernden Herbstabend seines Lebens. Das Mädchen selbst wußte genau, daß sie ihn eigentlich zum Lernen und Studieren nicht mehr brauchte – aber sie konnte ihn auch nicht entbehren. Es war keineswegs nur ein Zug von selbstloser Gutmütigkeit oder Dankbarkeit, der sie bewogen hatte, die Stunden aufrechtzuerhalten. Was es eigentlich war, begriff sie kaum. Doch es war mehr als Gewohnheit. Der alternde, vierschrötige Mann, mit dem schlohweißen Haarschopf über dem luftgeröteten Gesicht, das beim Spielen noch röter wurde, mit der kleinen kreisrunden Tonsur und der schweren Genickfalte auf

dem nicht immer makellosen Stehkragen der Soutane, mit seinen etwas vorstehenden, wasserblauen Augen und seinen komischen, rudernden Armbewegungen, vor denen die Kinder sich fürchteten, übte noch immer jene merkwürdige, mit scheuer Neugier gemischte Faszination auf sie aus, die sie früher empfunden hatte, wenn sie ihn sonntags im reichen, prangenden Meßgewand die Monstranz heben oder die geheimnisvollen Gesten der Segnung machen sah und wenn er dann am Schluß in die verbotene Zauberkammer der Sakristei verschwand, um später wie ein gewöhnlicher Mensch, mit Frühstücksappetit und einem leichten Bronchialkatarrh herauszukommen. Gerade dieser Übergang vom Unbegreiflichen, Geheiligten, Schauervollen zum gewöhnlichen und natürlichen Leben und Treiben zündete und erregte ihre Phantasie. Ein Priester, der immer im Bannkreis des Übernatürlichen verblieben wäre, Tag und Nacht im Dienst und Besitz der göttlichen Kräfte, wäre nicht so erstaunlich gewesen wie die Erscheinung eines Mannes, dem die Gewalt zu segnen, also wohl auch zu verdammen gegeben war, und der wie ein anderer seine geknofelte Speckwurst aß und einen Zahnstocher benutzte. Sie hatte sich nie vor ihm gefürchtet, ihn auch nicht übermäßig verehrt, aber es hatte ihr vor sich selbst eine gewisse Bedeutung, fast Weihe gegeben, daß sie mit ihm in Sachen der Musik eine persönliche Vertrautheit hatte, die niemand mit ihnen teilte, und daß sie mit ihm in diesen Stunden auf gleichem Fuß umgehen konnte. Gerade jetzt, nachdem das ursprüngliche Verhältnis sich so geändert hatte, daß er der Lernende war, empfand sie in den Stunden mit ihm eine erhöhte Selbstkritik, einen gesteigerten Ehrgeiz, vor allem die stolze, kindlich erregte Freude über Fortschritt und Gelingen, wie sie kein Lob, kein Ansporn und keine Galanterie ihrer Salzburger Professoren in ihr erwecken konnte. Die Galanterie war ihr bei einigen dieser Herren geradezu unsympathisch. Sie merkte wohl, daß sie ihnen nicht nur der Stimme wegen gefiel. Und daß mit der Zeit immer mehr Musikpädagogen, auch Zöglinge, das Köstendorfer Wirtshaus zum Ziel ihrer Sonntagsausflüge machten und dort versuchten, in den inneren Zirkel des Herrn Bräu vorzudringen, erfüllte sie mit einer Verlegenheit, die sich in Spott und Hochmut äußerte. Wenn aber einer ihrer Lehrer oder Mitschüler wagte, einen Witz über den ›Seelenbräu‹ zu machen, dessen Spitzname und musikalische Marotten überall im Salzburgischen bekannt waren, dann geriet sie in einen solchen

Zorn, daß das Erbe sämtlicher groben Wirte, einschließlich derer, die das Heilige Paar in Bethlehem hinausgeworfen hatten, aus ihr vorzubrechen schien. Wer sich über den Dechanten lustig machte, hatte es mit ihr für alle Zeiten verdorben, und der einzige, dem sie es unvergolten zugestand, war ihr Onkel, der sich ja über alles in der Welt lustig machte. Dabei ärgerte sie sich selbst genug über die halsstarrige Beschränktheit, mit der der Dechant, trotz ihres gemeinsamen Vordringens in die höheren Regionen der Musik, an seiner vorweltlichen Behandlung des Kirchenchores, an Stefan Wagners ›Feierlicher Messe in G-dur‹, an den Künsten des Ehepaars Zipfer und an seinem unseligen Seelenbräu festhielt. Aber sie wußte, daß man da nicht eingreifen könne. Sie hatte sich überhaupt von frühauf oft und viel über den Dechanten geärgert oder sich auch für ihn geschämt, und darin bestand ein Teil ihrer unveränderlichen Beziehung, vielleicht sogar die eigentliche Wärme ihrer Neigung zu ihm. Sie ärgerte sich und genierte sich für ihn, wenn er Adante und Andagio sagte, obwohl ihr bekannt war, daß er wußte, wie es richtig heißt, und daß ihm nur die Zunge stolperte, wenn sie die Sprache seiner Leidenschaft versuchte, — so wie ein tölpelicher Verliebter bei seinen tausendmal vorbedachten Redensarten ins Stottern gerät. Sie war gewohnt, sich immer etwas für ihn, seine menschlichen Unebenheiten, Rauheiten und Schwächen, zu schämen, und das machte ihn auf eine schwer erklärliche Weise anziehender, vertrauter und liebenswerter für sie. Manchmal konnte sie seine Nähe kaum ertragen und hätte am liebsten die Stunde abgebrochen, wenn er die italienischen Texte falsch aussprach, Fachworte ungeschickt anwandte, beim Entziffern der Noten mit seinem Fingernagel auf dem Papier kratzte, wenn ein Dreckbächlein von seinen schneebekrusteten Stiefeln unter den Pedalen zusammenlief – wenn er gar, ohne es zu bemerken, halblaut und heiser mitsang und dabei vor Eifer zu schnaufen und zu schwitzen begann. Noch wenn er gegangen war, blieb im Musikzimmer ein leichter Hauch von Schweiß, kalter Zigarrenasche, Schuhfett, gefrorenem und wieder aufgetautem Gartenmist, Mittagessen und Weihrauch.

»Ein grauslicher Mensch«, mochte sie plötzlich laut ausrufen und mit dem Fuß aufstampfen – und dabei erschrak sie ein wenig, und ihr Herz zog sich leicht zusammen.

II

Es gibt nichts Verlasseneres in der Welt als eine kleine Bahnstation bei Nacht, auf der nur ein einzelner aussteigt. Es gibt nichts Einsameres als eine dunkle Landstraße, an der die Drähte simmern.

Ein junger Mensch mit aufgestelltem Mantelkragen stapfte allein die leere Landstraße entlang, die von der isoliert gelegenen Bahnstation Neumarkt-Köstendorf nach der Ortschaft Alt-Köstendorf hinaufführt. Er schleppte mühsam sein Gepäck, einen alten, mit einem Strick zugebundenen Handkoffer und eine große, bis zum Platzen vollgestopfte Ledermappe. Es war dunkel und kalt, die Straße mit verharschtem Eisschlamm bedeckt, der Wind trieb Schloßen wäßrigen Schnees vor sich her und pfiff dem jungen Mann durch den dünnen Mantel und das lange, strähnige Haar, denn er trug weder Hut noch Mütze. Der Schnee beschlug seine Brillengläser, die Kälte mußte seine Ohrmuscheln zerbeißen, aber da er beide Hände voll hatte, konnte er sie nicht schützen oder reiben, sondern machte nur mit seinen eckigen Schultern hilflose, zuckende Bewegungen. Der Zug hatte natürlich wieder Verspätung gehabt, es war schon tiefe Nacht, die

Bauernhöfe hockten vermummt im Finstern, die kahlen Bäume und Telegraphenstangen am Wegrand seufzten, klapperten im Wind, die Drähte sirrten und simmerten. Weit und breit war kein Licht zu sehen, nur am niedern, wolkenzerklüfteten Himmel der rote Funkenschweif, den die Maschine des ostwärts weiterstampfenden Bummelzuges aus ihrem Schlot spie.
Der junge Mann fluchte leise vor sich hin bei dem Gedanken, wie lang er wohl vor der Tür eines versperrten Gasthofes stehen und läuten oder pochen müsse, bis er in dieser Satansnacht ein Unterkommen fände. Plötzlich hielt er an – und lauschte erstaunt. In einer Atempause des Windes, während das Schnaufen der Eisenbahn verhauchte, hörte er, verworren erst und jetzt ganz deutlich, Musik in der Nacht. Fiedel, Blech und Pauke, das Gedudel und Gestampf einer altertümlichen Bauernmusik, Juh-Schreien und Johlen, kurz aufschwellend, wie wenn jemand eine Tür geöffnet hätte, dann wieder abgedrosselt und im Poltern des Windes verschlungen. Der junge Mann, obwohl in Salzburg geboren, war nie in Alt-Köstendorf gewesen, und der verschlafene Beamte an der Station hatte ihm geraten, wegen einer billigen Übernachtung in Lechners ›Gasthof und Fleischhauerei‹ im Oberdorf anzuklop-

fen. Um seinem Rat zu folgen, hätte er jetzt am Ortseingang, wo sich die Wege zwischen Unter- und Oberdorf teilten, nach rechts abbiegen müssen. Aber er konnte der Anziehung nicht widerstehen, die das unerwartete Getön dieser fetzenhaften, ohne Anfang und Ende aus der Finsternis hergewehten Musik auf ihn ausgeübt hatte, und so folgte er der breiten Altstraße immer weiter, dem Ohr und der Nase nach – denn es lag nun so etwas wie ein gäriger Malzgeruch in der Luft, vermischt mit einer Ahnung von heißen Weißwürsten und dem krustigen Duft frischgebackener Krapfen. Bis dann schließlich, als er um die Ecke bog, der schwarze Klotz des Brauhauses vor ihm aufstand – das zeitverschlissene Steinwappen der Salzburger Bischöfe über dem Tor von einer schwankenden Hängelampe beschienen – und gleich dahinter, hochragend zwischen den schneeumwölkten Kronen alter Lindenbäume, die mächtige, fachwerkdurchbälkte Giebelfront des Wirtshauses ›An der Straß‹ – mit seinen türgroßen, von bemaltem Holz umrahmten und kunstvoll vergitterten Erdgeschoßfenstern und den geschnitzten Galerien seiner Umläufe im ersten und zweiten Stock.

Wenn der junge Mann später an diesen nächtlichen Weg zurückdachte und an die erste, unvermutete Erscheinung des schloßartig majestätischen Gebäudes vor seinem Blick, dann meinte er, es sei wie in den Märchen gewesen, in denen ein einsamer Wanderer von einer Geistermusik in ein verwunschenes Haus und in ein unheimliches, glückhaftes oder grauenvolles Abenteuer gelockt wird. Sicher aber ist, daß er damals nicht ahnte, welchen Schritt er tat, als er nach einigem Starren auf die erleuchteten, von innen mit Leinenvorhängen verhüllten Fenster, hinter denen es dudelte, dröhnte und schrie — die schwere, eisenbeschlagene Eingangstür aufzog und — immer noch mit hochgeschlagenem Mantelkragen, halb blind von der schneebeflockten Brille, das Haar zerzaust und naß, die beiden Gepäckstücke in erstarrten Händen, durch das matt erhellte Vorgewölb in die von Licht, Lärm und Wärme siedende, überfüllte Gaststube hineinstolperte. Was er dort erblickte, war so vollkommen unwahrscheinlich, unmöglich und außerhalb jeder Vorstellung, daß er wie angedonnert stehenblieb und wohl für eine Sekunde an seinem Verstand zweifelte. Der ganze Raum war von spukhaft phantastischen, wüsten, unsinnigen, grausigen und lächerlichen Gestalten belebt, von denen keine in dieser Zeit und Welt zu Hause schien. Aufgeschwollene Wulstbäuche, meterlange Nasen, himmelstrebende Höckerbuckel, violette und leichenweiße Gesichter, unförmige Hintere, mit Fuchs- und Sauschwänzen behaftet, Spitzenschleier und Seidenschleppen um klobige Mannsbeine wallend, lächelnde Mädchenlarven, aus deren bierschaumbedeckten Herzkirschenlippen der schwarze Virginiastummel ragte, fragile Kinderfiguren in rosa Ballkleidchen mit kolossalen Troll- oder Tierköpfen auf den Schultern, zähneblekkende Ungeheuer mit obszönem Cul-de-Paris, und goldflitterglitzernde Feen mit grün- oder blauflächsernem Haarschopf, exotische Tänzerinnen, die Backen mit Ruß geschwärzt und den Kopf mit Pfauenfedern drapiert, Gehenkte, denen der Strick um die Gurgel und eine lange dünne Zunge aus dem Mundwinkel baumelte, übergroße Männer mit blutigen Halsstümpfen, die ihren Kopf unterm Arm trugen, Burschen mit Hirschgeweihen und brennenden Kerzen auf dem Haupt, hohläugige Schädel im langen Totenhemd und gigantische Säuglinge in Häubchen und Wickelzeug, das Steckkissen mit Faßreifen auf den breiten Rücken gekuft. Das alles schrie, blökte, grölte und meckerte durcheinander, kein einziger Laut erinnerte an eine menschliche Stimme, und selbst die Musikanten, die längs der Wand auf einem schmalen erhöhten Geländerpodium saßen, waren unmenschlich vermummt und schienen ihre Noten rückwärts zu spielen. Inmitten des Getümmels thronte auf einem gewaltigen Backenstuhl vorm Kachelofen ein bärtiger Riese, mit zwei funkelnden Satanshörnchen auf der Stirn, in einen weiten, brennroten Domino gehüllt, und trank große Schlucke aus einem kristallgeschnittenen Pokal. Er bemerkte sofort den ganz erstarrten jungen Mann auf der Türschwelle, der so aussah, als ob er am liebsten umkehren und wieder weglaufen möchte — sein Gesicht glänzte auf, wie in einer Eingebung boshafter Lustigkeit, er schüttelte sich vor Spaß, winkte mit der Pratze und rief den Tanzenden etwas Unverständliches zu.

Im nächsten Moment war der Ankömmling von einem wilden Maskenreigen umringt, seiner Gepäckstücke beraubt, in die Mitte des Raumes und in einen tobenden, springenden, wirbelnden Kreis hineingezerrt, der ihm wie einer Fürstlichkeit zuzujubeln und zu huldigen schien. Die Musik ward immer rascher und gellender, und während er noch verzweifelt um seine Ledermappe kämpfte, riß sich eine wüste Hexe mit langer spitzer Nase, vorspringendem Kinn, gelben Hackzähnen vom Arm eines ungeschlachten Fliegenden Holländers los, sprang auf ihn zu, faßte ihn um die Hüften

und begann zum johlenden Applaus der Menge im tollsten Dreher mit ihm rundum zu walzen. Für einen Menschen, der seit zwölf Uhr mittags nichts Warmes und auch dann nur ein paar Würstl mit Gulaschsaft gegessen hatte und anderthalb Stunden in einem kalten, verspäteten Bummelzug verbracht, war das fast ein bißchen zuviel. Ihm wurde nach ein paar Runden so schwindlig, daß er nach Atem rang und kaum mehr die Füße heben konnte. Trotzdem spürte er im festen Griff der Hexe, daß sie einen jungen, warmen, elastischen Körper haben mußte, dessen Umarmung und Nähe ihn fast noch schwindliger machte. Die Hexe schien seinen Zustand plötzlich zu begreifen und Mitleid zu fühlen – oder vielleicht war ihr selbst etwas wie ein schreckhafter Schwindel zu Kopf gestiegen –, denn sie brach ganz unvermutet mitten im Tanzen ab und dirigierte ihn, mit einer leichten Stützung unter seinem Ellenbogen, zum Tisch des Riesen hin, der ihm mit einer großartigen Gebärde – auch er gleichsam huldigend – den vollen Pokal hinreichte. Fast ohne Besinnung setzte der junge Mann ihn an, kostete, trank und trank und kostete wieder. Es war bester französischer Champagner – der beste, den er je, als Gast reicher Freunde, auf die Zunge bekommen hatte – und der Riese nickte ihm grinsend zu, und wieder zu, bis das große Glas, das wohl eine halbe Flasche faßte, geleert war. Mit einem Schlag wurde ihm ungeheuer wohl, das Blut sang durch all seine Adern, seine Füße und Finger wurden warm, sogar die Ohren tauten auf und prickelten nur noch ein wenig. Aber noch immer erschien ihm alles wie ein verrückter Traum – als sei er in eine Brueghelsche Teufelskirchweih oder Höllenfastnacht hineingeraten –, und erst als dieses Wort durch seinen leicht illuminierten Kopf schoß, dämmerte ihm, daß heute tatsächlich Faschingsdienstag war und daß sie die Nacht vor dem aschernen Mittwoch begingen. Als er aber den Pokal jetzt niedersetzte – während die Musik verstummte und die erhitzten Masken auf die Bänke und über ihre Bierkrüge herfielen –, hatte die Hexe an seiner Seite ihren Kopf abgenommen, und er schaute in das lieblichste Mädchengesicht, das er sich je in Schlaf oder Wachen erträumt hatte. Der Mund blieb ihm offen stehen, und er mußte wie gebannt in ihr Gesicht schauen, bis es sich in Verwirrung oder Unwillen rötete und die schwere Hand des Riesen ihn auf einen Stuhl niederzog.

»Wo hat es denn dich«, sagte der Bräu, der in einer solchen Laune einen jeden duzte, »wo hat es denn dich dahergeschneit?«

Und bevor der junge Mann etwas erwidern konnte, schüttelte er sich bereits vor Lachen, als habe er die komischste Antwort von der Welt bekommen.

Inzwischen hatte sich Matthias Hochleithners Hofstaat um den Stammtisch versammelt, es wurde eingeschenkt, Weißwürste, Bratwürste und Krapfen, Bierkäse und Gleichgewichtstorte je nach Geschmack herumgereicht, der Ankömmling aber, vor dem sich die Speisen bergartig türmten, von allen Seiten beglückwünscht oder mit Zutrinken geehrt – und er begriff allmählich, daß er den Preis gewonnen hatte, der von dem Brauherrn für die unpassendste und unmöglichste Erscheinung an diesem Abend ausgesetzt worden war. Der Preis bestand in jenem Kristallpokal und einer Kiste Champagner, die man vor ihm aufbaute, nachdem auch sein Koffer und seine Ledermappe wieder in seinen Besitz gekommen waren. Mehr Glück, dachte er sanft benebelt, indem er vorsichtig nach der jungen Hexe schielte, kann man wohl in einer Nacht nicht haben. Unklar gewahrte er den Fliegenden Holländer an ihrer Seite, von dem sie sich, vor ihrem Hexentanz mit ihm, losgerissen hatte. Gleichzeitig beantwortete er in seiner gefälligen und unbefangenen Art die Fragen des Herrn Bräu – der, als sich herausstellte, daß der fremde Mensch Franz Haindl hieß, aus der Gnigl stammte und morgen seine Stellung als der neue Aushilfslehrer von Alt-Köstendorf antreten solle, vor Lachen heulte und fast einen Erstickungsanfall bekam. Was an alledem so komisch war, ließ sich nicht beweisen, aber es mußte unwiderstehlich sein, denn der ganze Stammtisch bog und krümmte sich vor Gepruste und Gewieher. Am herzlichsten aber lachte der junge Mann selber. Auch ihm schien es auf einmal ungeheuer magen- und rippensprengend komisch, daß er Franz Haindl hieß, daß er kein anderer als er selber war, daß er aus der Gnigl stammte und daß er der neue Junglehrer in Alt-Köstendorf sein sollte. Er mußte seine Brille abnehmen und sich den Kragen öffnen, so lachte er. Und je mehr er lachte, desto mehr schrie, keuchte und röchelte vor Lachen der Herr Bräu und der ganze Saal. Was ihn so herzhaft mitlachen ließ, war aber nicht nur der Champagner. Es war Franz Haindls ungezwungenste Natur, in der es Schmerz und Lust, Trauer und Freude, aber kein Tröpfchen Bitterkeit gab, und die ihm die simple Kraft verliehen hatte, niemals beleidigt zu sein, niemals die Stacheln der Welt gegen sich selbst gerichtet zu fühlen, niemals die eigne Person oder ihr äußeres Geschick besonders tragisch zu nehmen, und immer mitlachen zu können, wo es etwas zu lachen gab, auch wenn es auf seine Kosten ging. Die Clementin, die ihn ebenfalls mitten im Lachkonzert heimlich beschielte, dachte, daß an diesem eher unscheinbaren, etwas ungelenken Menschen auf den ersten Blick gar nichts Besonderes sei, nichts besonders Anziehendes oder Abstoßendes, nichts sehr Ernstes und nichts sehr Komisches. Auf den zweiten Blick jedoch bemerkte sie, daß seine Art, mitzulachen und sich in seine Lage zu finden, so unbegreiflich gelassen war — weder demütig noch stolz, weder verlegen noch weltgewandt — nur eben völlig gelassen, das heißt, in sich selbst gesichert —, wie man es bei solcher Jugend kaum erklären konnte. Und auf den dritten fiel ihr auf, daß er, der vorher beim Tanz noch seine wollenen Handschuhe trug, die merkwürdigsten Hände hatte, nicht schöner, aber anders als jede ihr bekannte Menschenhand, fast unmenschlich, wie zu etwas Besonderem und Abwegigem gemacht. Und der vierte Blick traf seine Augen, die hinter der nun klar gewordenen Brille die klarsten, mildesten und eigensinnigsten Augen waren, die ein Mensch im Kopf haben konnte. Dabei schauten sie jetzt mit dieser unbeirrbaren, etwas zerstreuten oder träumerischen Freundlichkeit ohne Scheu in die ihren. Jeder

Mensch hat manchmal seine gute Stunde, wenn er es am wenigsten voraus erwartet, ahnt, plant oder auch nur bemerkt. Ob er ihr dann gewachsen ist, ob er etwas damit anzustecken vermag oder sie wie ein schlecht gehaltenes Zündholz ausgehen läßt, das liegt bei ihm allein. Der junge Franz Haindl war heute abend nicht nur für die Laune des Herrn Bräu, sondern auch für die Clementin genau im richtigen Moment über die Schwelle gestolpert. Der Holländer Michel an ihrer Seite war nämlich in Zivil ein Herr Michael von Ammetsberger, der Sproß einer ebenso traditionellen Brauherrn- und Wirtsfamilie, die, in die große Hotellerie aufgestiegen, noch reicher als die Hochleithners und im Zug der Zeit sogar geadelt worden war. Onkel Matthias, der sonst von reich gewordenen Bierbrauern nicht viel hielt, hatte einen gewissen Respekt vor ihm, weil er schon mit dreißig Jahren durch besondere geschäftliche Tüchtigkeit die Aktienmehrheit an einigen Schweizer Hotelunternehmungen erworben hatte, seine österreichischen Gasthäuser von Pächtern verwalten ließ und gelegentlich mit einem großen Tourenwagen nach Luzern, Interlaken oder St. Moritz fuhr. Auch stammte seine Mutter aus der französischen Schweiz, was der Herr Bräu vornehm fand. Ganz im Gegensatz zu

Matthias Hochleithner war er aber weder ein vornehmer noch ein machtvoller, sondern nichts als ein reicher Mann. Im übrigen sah er gut aus, robust, gesund, von keinem Geiste angekränkelt, liebte das Angenehme dieser Welt, was ihm niemand verdenken kann, und war unverheiratet. Seit er die Clementin kennengelernt hatte, anläßlich des Mozarteum-Balls im ›Mirabell‹, fing er an, sich mehr für seine salzburgischen Geschäfte zu interessieren, und jetzt hatte er sich zu ihrer tiefsten Beunruhigung im Gasthof ›An der Straß‹ eingemietet, um den Schnepfenstrich in der Lichtenthanner Au und die Spielhahnbalz im Seekirchner Moos zu erwarten. Das heurige Maskenfest, das den Höhepunkt des Köstendorfer Winters bedeutete und unter dem Stichwort ›Gespensterschreck‹ wochenlang vorbereitet worden war, gab ihm zum erstenmal Gelegenheit, der Clementin ungeniert auf den Leib zu rücken. Das hätte die ausgelassene Heiterkeit, mit der sie die berühmten Hochleithnerschen Feste zu genießen pflegte, nicht weiter trüben können — hätte er nicht schon vorher, durch ein peinliches Gemisch von demütigen Hundeblicken und pompöser Selbstgeschwollenheit, zum Ausdruck gebracht, daß er es ernst meinte. Schlimm war dabei, daß der Bräu es auch gemerkt hatte und nicht ungern zu sehen schien, und am schlimmsten, daß sie selbst nicht genau wußte, wie sie dazu stand. Die widerstreitendsten Empfindungen und Gedanken hatten sie in den letzten Wochen bewegt, bald war es Auflehnung, bald Abscheu, bald leise Neugier, bald ungewisse Angst, und dazwischen eine süße, verwirrende Beklemmung ihres Herzens, in der sie alles auf der Welt, das nächtliche Schreien einer Katze, das Rauschen des Windes im Park, das Rumpeln und Knistern in der Früh, wenn die taube Nanni nebenan Feuer machte, den brennenden Schauer des kalten Waschwassers auf ihrer Haut, zum erstenmal mit allen Sinnen – wie etwas Wachrüttelndes, Erschütterndes, Unvergeßliches und nur auf sie Bezogenes zu erfahren glaubte. Das hatte aber kaum mit diesem Mann zu tun, bei dessen Annäherung sie sich eher – wie man von vorzeitig aufgeschreckten Rehen sagt – ›vergrämt‹ fühlte. Trotzdem hatte sie ihn nie wirklich entmutigt. Ein wenig geschmeichelte Eitelkeit und jener schwer widerstehliche Reiz, mit dem Feuer zu spielen, verhinderten es. Daß man im Ort erzählte, das Kind, welches die Kellnerin Rosa erwartete, sei von ihm und während ihrer Dienstzeit in seinem Salzburger Hotel entstanden, hatte ihn ihr nicht näher gebracht, aber auch nicht besonders verleidet, denn solches kam öfters vor, und es mußte auch gar nicht wahr sein. Aber zum ersten Male in all den Jahren war es ihr plötzlich zum Bewußtsein gekommen, daß sie selbst, gleich der Kellnerin Rosa, ein armes Mädchen sei und von den Wohltaten ihres Onkels lebte. In ihren heimlichsten Träumen sah sie sich zwar manchmal in einem Auto mit Chauffeur und Zofe in Alt-Köstendorf ankommen, um ihre kurzen Ferien, die ihr die Wiener Hofoper und ihre internationalen Konzertverpflichtungen grade erlaubten, als zahlender Gast, Freundlichkeiten und Trinkgelder versprühend, in der ›Straß‹ zu verbringen. Das starb aber rasch dahin, wenn das Auftreten einer Berühmtheit in Salzburg oder eine kurze Reise mit dem Herrn Bräu sie mit wirklicher großer Kunst konfrontiert hatte und wenn dann nach einer schlaflosen Nacht und einigen hektischen Arbeitsstunden die Schwierigkeiten und Hindernisse wie die massive Kette des Tennengebirges oder des Steinernen Meeres sich vor ihr auftürmten. Das waren die Augenblicke, in denen sie mit dem ahnungslos im Glück falscher Töne schwelgenden Seelenbräu fast die Geduld verlor. Die solide Erbschaft der Brauer, Wirte und Bauern in ihrem Geschlecht mahnte sie, daß ein Mädchen beizeiten heiraten solle, und zwar nicht zu tief unter, nicht zu hoch über die angestammte Welt und vor allem nicht aus ihr heraus. Ein Gefühl von Dankbarkeit und Verpflichtung gegen den Onkel und Nährvater – von dem sie nicht ewig genährt werden wollte, auch wenn er sie niemals eine Abhängigkeit spüren ließ – schien das zu bekräftigen und den Herrn von Ammetsberger als vorbestimmtes Schicksal zu etablieren. Die Leidenschaft ihrer heimlichen Natur aber, die noch keinen Ausstrom gefunden hatte, bäumte sich gegen alles Vernunftgebotene auf und verlangte nach ihrem eigenen quellhaften Entspringen.

So war der Eintritt dieses Franz Haindl und seine Krönung zum Ballkönig ein geradezu gottgesandter Zwischenfall für sie gewesen, in einer Lage, die ihr nichts wünschenswerter machte, als der zunehmenden Hitzigkeit des Ammetsberger auf dem überfüllten Tanzboden zu entkommen – und die allgemeine Pflanz- und Lachstimmung, durch die Person und das Abenteuer des Junglehrers ausgelöst, hatte sie von ihrer eigenen Bedrängnis für eine Zeitlang befreit. Jetzt aber setzte die Musik wieder ein, und die jungen Bauern oder Knechte, die schon während der letzten fünf Minuten mit ihren Mädchen tanzlustig im Kreis herumgegangen waren, wobei sie immer gewagtere ›Gstanzln‹ plärrten, ließen beim ersten Trompetenton für einen Augenblick die Hand ihrer Tänzerin los und sprangen mit beiden Füßen zugleich und mit einer Drehung um sich selbst hoch in die Luft und in die Mitte des Tanzbodens hinein, auf den sie mit einem rauhen, gellenden Juhschrei aufkrachten. Gleich darauf stampfte, dröhnte und zitterte der Saal, denn die Musik hatte einen altertümlichen Springtanz angestimmt, den man wohl nirgends anders in der Welt als in dieser Gegend noch kannte und der auch hier nur mehr bei solch ungewöhnlicher Stimmung und extravagantem Anlaß gespielt wurde. Manche der jüngeren Tanzpaare taumelten auch bald aus dem Kreis, weil sie es nicht mehr verstanden, gaben auf oder probierten in der Ecke – während einige der älteren Leute, schwere Männer, noch schwerere Frauen, einsprangen, um mit berückender Leichtigkeit, hinreißendem Rhythmus die immer gleiche schwierige Tanzfigur zu den vier immer gleichen Sechsachteltakten auszuführen.

Schrumm–diddeldiddel–Schrumm–diddeldiddel–

Links – rechts rechts
Links links links
Rechts – links links
Rechts rechts rechts –

ging es in donnerndem Takt, und das Hüftefassen, Lupfen und Hüpfen auf einem Bein schien in dieser Nacht so selbstverständlich wie auf einem mittelalterlichen Mummenschanz.
Die Clementin fühlte den Atem des Ammetsberger, den sie nicht anschaute, auf ihrem Hals, seine Hand in der Nähe ihres Kreuzes auf der Stuhllehne, und sie wußte, daß er sie im nächsten Moment um den Tanz bitten werde. Sie hätte die gute Ausrede gehabt, daß er für Ungeübte zu schwierig sei, und ihn auslassen können. Aber die Springlust fuhr ihr in die Glieder, Fiedel und Klarinettenpfiff sirrten durch ihre Kniekehlen, ihre Füße zuckten wie verhext, sie hätte den Tisch umschmeißen können. Mit einem Ruck wandte sie sich dem Junglehrer zu, der auf seinem Ehrenplatz neben Matthias Hochleithner ihr zunächst saß, ihre Hand fuhr schon aus, um ihn an der Schulter zu fassen und ihn, dem Ammetsberger zuvorkommend, zum Tanz zu fordern.
Aber die Hand blieb in der Luft, und ihre Augen weiteten sich erstaunt. Franz Haindl hatte, mit sonderbar schief gelegtem Kopf der Musik lauschend, eine der Menükarten, wie sie der Herr Bräu täglich selbst in seiner eigentümlich schrägen und dünnbalkigen Hand auszuschreiben pflegte und die vom Nachtmahl noch auf den

Tischen herumlagen, umgedreht und begann eben, als sei er allein im Raum, mit einem kleinen abgekauten Bleistift etwas auf die leere Seite zu malen.

Die Clementin glaubte zuerst, seine eifrigen Züge beobachtend, daß er die Tanzenden abzuzeichnen versuche, dann aber, als sie ihm neugierig über die Schulter lugte, sah sie, daß er fünf ziemlich grade Linien gezogen hatte, um die Grundmelodie des Tanzes, jene vier Sechsachteltakte, in Punkten und Strichen dazwischenzusetzen. Er fühlte ihren Blick, schaute auf, lächelte etwas abwesend.

»Ein merkwürdiges Thema«, sagte er, mehr vor sich hin.

»Es ist die Henndorfer Mazurka«, sagte die Clementin und mußte sich nah zu seinem Ohr beugen, damit er sie in dem Lärm verstand, »sie ist sehr alt. Man spielt sie nur noch im Fasching.«

»Fasching«, wiederholte er nachdenklich — »Fasching«, murmelte er noch einmal, als gäbe das Wort ihm eine besondere Idee, und setzte rasch einige Notenköpfe hinzu, die nicht in den vier Takten vorkamen. Dann lächelte er wieder und schüttelte, wie über sich selbst schockiert oder um Entschuldigung bittend, den Kopf — und es war zum erstenmal an diesem Abend, daß ihr schien, er sehe verlegen aus — gleichsam ertappt.

»Interessieren Sie sich für Musik?« fragte sie und hätte sich gleichzeitig ohrfeigen können, so dumm fand sie die Frage.
»Oh ja«, nickte er ernsthaft, schon wieder ganz ungeniert. »Sie auch?«
»Ich gehe ins Mozarteum«, sagte sie und ärgerte sich noch mehr, da sie fühlte, daß sie rot wurde, »und studiere Gesang.« Sie wußte nicht recht, ob er sie verstanden hatte, er sah sie aufmerksam an, schien aber an etwas anderes zu denken.
Wollen wir tanzen, hätte sie sagen mögen, aber aus einem ganz unerfindlichen Grund brachte sie es nicht heraus. Statt dessen wandte sie sich abrupt zum Ammetsberger zurück, dessen große heiße Hand in ihrem Kreuz grade oberhalb der Hüften sie während der letzten paar Sekunden vergessen hatte zu fühlen.
»Kommen S'«, stieß sie vor, sprang auf und zerrte ihn hinterm Tisch heraus, daß ihm der holländische Dreimaster vom Schädel flog.
Er mußte es wohl für die betörende Wirkung seiner Person und seiner Werbung halten, daß sie sich mit einem so glühenden, ja besessenen Temperament in den Tanzstrudel warf – und er konnte nicht ahnen, was alles in ihr mit- und sich in ihr austanzte –, er schwoll vor hahnenstolzer Verliebtheit und versuchte, sie im Gedräng zu

karessieren und sich dicht genug an sie zu pressen, um ihre hüpfenden Brüste gegen seinen schwer atmenden Rumpf zu fühlen – was bei einem Tanz nicht geht, bei dem man sich gegenseitig mit gestreckten Armen in der Taille halten muß. Dabei kam er natürlich dauernd aus dem Takt, und bald wurde ihr sein intensives Ungeschick und seine falschen Tritte, von denen viele auf ihre Zehen trommelten, zu dumm – sie ließ ihn los, daß er wie ein angepeitschter Brummkreisel durch den Saal schlitterte, und griff sich den ›Dodey‹, Alt-Köstendorfs ortsamtlichen Totengräber, einen unsäglich wohlgelaunten, kräftigen Fünfziger mit rotgrauem Haar, kühnem, aufwärts gezwirbeltem Schnurrbart und einer stillvergnügten, verschmitzten Gutmütigkeit im Gesicht – den der Herr Bräu für heute nacht als ›Scharfrichter vom Galgenhölzl‹ schauerlich hergerichtet hatte. Der Dodey war in allem, was mit festlichem Brauch und öffentlicher Lustbarkeit zu tun hatte, ebenso zu Hause wie in den Ritualen der Aufbahrung und des letzten Geleits, er konnte die Mazurka springen wie kein anderer im Dorf, die Clementin hatte es schon als Kind von ihm gelernt, und die beiden machten ein Paar, das alle anderen ausstach und an die Wand tanzte. Es fiel auch eine Gruppe nach der anderen ab, und schließlich tanzten sie nur noch allein in der Mitte des plötzlich geleerten Saales, der von anfeuerndem Zuschrei und Händeklatschen hallte. Die Clementin hatte den Kopf zurückgeworfen, ihr reiches Haar ging auf, ihre Lippen waren feucht, ihre Augen halb geschlossen, und als auch die Musik nicht mehr konnte und mit einem langen Triller verendete, mußte der Dodey sie festhalten, daß sie nicht umfiel. Es kreiste und nebelte vor ihrem Blick, als er sie dann zum Tisch zurückführte, und aus diesem Geflimmer und Geschwirre formten sich erst allmählich die kompakten Gestalten der einzelnen Leute in ihren Stühlen heraus — des Postmeisters, des Florian Zipfer, des Höllhuber und Buchschartner und Esterer und Gugg, der Stammgäste und einiger Damen aus der Verwandtschaft des Herrn von Ammetsberger und des Onkels Matthias. Nur wo der junge Franz Haindl gesessen hatte, war — und blieb — ein leerer Stuhl.

Bevor sie sich aber über das befremdliche Gefühl von Enttäuschung, sogar leichter Gekränktheit, klarwerden konnte, das sie beim Anblick dieses leeren Stuhles befiel, zwinkerte Matthias Hochleithner sie zu sich heran.

»Ich hab ihm das Spukzimmer geben«, flüsterte er ihr zu, »weil er müd war. Er fürcht sich net,

hat er gesagt, und glaubt net an Geister. Vielleicht lernt er's kennen, heut nacht.«
Er rieb sich die Hände und blies die Backen auf. Seine Augen waren dunkel funkelnde Schlitze zwischen den wulstigen Lidern und Lachfalten. Die Clementin wußte genau, was das bedeutete, und es erfüllte sie mit einem heftigen Vergnügen. Der Herr Bräu wollte wieder einmal spuken. Es war ihm lange genug nicht eingefallen. Sie hatte schon gedacht, er hätte es aufgegeben, weil es sich zuzeiten als ein teurer Spaß herausstellte. Das letzte Mal hatte er dem Landesfiskalrat Schöllerer einen Nervenarzt und vier Wochen im Sanatorium bezahlen müssen. Das war auch ein allzu echter Spuk gewesen. Sie hatte sich stundenlang hinter dem großen dreiteiligen Ofenschirm verbergen müssen, um im geeigneten Moment den naturgetreu ausgeführten Leichenkopf darüber herausschauen und wackeln zu lassen. So arg konnte es diesmal, aus Mangel an gediegener Vorbereitung, nicht werden, aber dem Onkel Matthias würde schon außer dem konventionellen Seufzen und Kratzen hinter der vermauerten Tür etwas Gespenstisches einfallen — er sah danach aus. Was aber auch ausgeheckt würde — es gab dem überzeitigen Fest, das schon zu erlahmen und schal zu werden drohte, eine neue Zündung,

daß dem fremden jungen Mann mitgespielt werden solle, und keineswegs kam sie auf die Idee, ihn davor zu bewahren oder gar zu warnen. Recht geschieht ihm, das kommt davon, dachte sie ohne den Versuch einer logischen Begründung.
Matthias Hochleithners persönliche Beziehung zum Geisterzimmer war ziemlich kompliziert. Er glaubte nämlich in Wahrheit an seine Geister. Er war überzeugt, daß es sie gab, obwohl sich in seine Geschichten von tatsächlich vorgekommenen Umgängen und Erscheinungen immer ein undurchsichtiger, doppelbödiger Zug von Ironie mischte. Man wußte nicht recht, wenn er davon erzählte, ob er sich über die Gläubigen oder über die Zweifler, über die Zuhörer oder über sich selbst, über die Menschen oder über die Geister lustig machte. Zutiefst aber waren die ruhelosen Seelen der beiden Söhne, die angeblich im sechzehnten Jahrhundert in diesem Raum und vielleicht sogar in demselben riesigen Himmelbett ihre reiche Mutter ermordet und den Geldkasten über die längst eingefallene Wendeltreppe hinuntergeschleppt hatten, für ihn so wirklich oder so unwirklich wie die schweren, bedrohlichen Möbelstücke des Zimmers, die verblichenen Sammetvorhänge am Bett, die stechenden Augen der angedunkelten Familienporträts und über-

haupt wie Steine und Holz, Dachböden, Keller und Treppen in seinem Stammhaus. Er glaubte an die Existenz der Geister, aber er zweifelte an ihrer Zuverlässigkeit. Sie erschienen nicht auf Verlangen, und er hatte durchaus keine Scheu, dem nachzuhelfen, indem er sie darstellte und zur Bestrafung von Skeptikern oder auch nur zum eigenen Spaß selber spukte. Grade weil die Geister für ihn so real waren, konnte er sich erlauben, ihnen ins Handwerk zu pfuschen oder sozusagen eine Lektion zu geben. Denn schließlich war er ja doch noch der Herr im Haus.

Er empfand wohl überhaupt eine heimliche, nicht klar bewußte Verwandtschaft zu Geistern, Trollen, Dämonen, Halbwesen, Ruhlosen; und Wiederkehrern aus dem Zwischenreich – und das Schrecken der blöden Leute, worunter er die große Mehrheit seiner Mitmenschen, alle nur ihren Augen Trauenden, verstand, war seine zweite Natur. So sehr identifizierte er sich selbst mit Gewesenen und Abgeschiedenen, daß er nicht einmal den taktgebotenen Respekt vor ihnen kannte. Er war nicht davor zurückgeschreckt, sich unter das Leichentuch eines aufgebahrten Großonkels zu legen, um sich, als die Schulkinder zum Totensegen kamen, langsam darunter aufzurichten und sich an ihrem panisch entsetzten Davonstürmen zu weiden. Ein andermal hatte er sich selber totgestellt, als die taube Nanni morgens mit dem gewärmten Wasser in sein Schlafzimmer kam, und er saß dann grinsend auf dem Bett, als auf ihren heiser lallenden Alarm hin die Hinterbliebenen zusammenliefen. Aber niemand wußte ganz genau, ob er nicht in Wahrheit einen schweren Ohnmachtsanfall erlitten hatte und ihn als einen makabren Witz vertarnte. So inszenierte, travestierte und parodierte er seine Hausgespenster wie der zynischeste Rationalist — aber jedes Jahr an Mariä Lichtmeß, dem Todestag seiner Großmutter, hörte er sie in ihrer Sterbeecke pochen, wie sie mit ihrem Krückstock aufgepocht hatte, wenn das Essen zu spät kam, und erstattete ihr mit ruhiger, sachlicher Stimme Bericht über die jüngsten Vorgänge und Entwicklungen im Geschäft. Denn, sagte er, sie will immer in alles ihre Nase hineinstecken. Und die Leute, die ihn zufällig mit ihr reden hörten, wußten nicht, ob er ihnen etwas vormachte oder ob es ihm Ernst war. — Die Clementin wußte, daß es ihm Ernst war. Sie hatte das alles von Kind auf miterlebt, und es war für sie so sehr zu Köstendorfs Luft und Landschaft gehörig, daß sie nicht mehr darüber nachdachte als über die Entstehung eines Gewitters oder des Herbstnebels. Sie selbst glaubte

nicht an die Geister, denn sie hatte sie nie gehört oder gesehen, wohl aber recht oft dargestellt und bei ihrer Erscheinung mitgeholfen, wobei das Schönste war, daß man, obwohl man es selber tat, sich dennoch ein wenig fürchten und gruseln konnte. Sie war ihres Onkels bester Spukassistent und hatte manchen hysterischen Anfall furchtloser Geisterzimmerbewohner auf dem Gewissen. Selten aber hatte sie sich so grausam aufs Spuken gefreut wie heute nacht. Auch der Herr Bräu schien dem heutigen Zauber mit besonderer Genugtuung entgegenzusehen. Der verdient's, brummte er vor sich – wenn er's net glauben will. Erst gewinnt er sechs Flaschen Champagner, dann sagt er, es gibt nix Übernatürliches!
Man mußte warten, bis man annehmen konnte, daß er eingeschlafen war; die Zeit ging langsam, die schweren Getränke hatten die Festgäste stumpf und dröselig gemacht, die Musik war besoffen und brachte keinen rechten Tanz mehr zustande, und viele, die früh aufstehen mußten, waren heimgegangen. Nur der Ammetsberger schien in großer Form und in immer sieghafterer Laune, denn auch jetzt wieder mißdeutete er die glühenden Wangen, lebhaften, spannungsvollen Augen und die unruhige, etwas exaltierte Lustigkeit der Clementin. Er fühlte sich ganz als der

glückliche Besitzer, trank große Mengen von dem starken, einheimischen Birnenschnaps, gab sich keine Mühe mehr, das häufige Aufstoßen zu unterdrücken, und lachte übertrieben über jeden Witz des Herrn Bräu. Endlich schien es so weit zu sein. Die Kellnerin, die als Spionin hinaufgeschickt worden war, meldete, daß im Zimmer alles still sei und das Licht abgedreht. Die Vorbereitungen waren rasch getroffen, und ein paar alte Vertraute und Mitarbeiter der Hochleithnerschen Infernalien, der Zipfer, der Dodey, als Ausnahme auch der Ammetsberger, wurden eingeweiht. Nicht weiter bemerkt von der dünner gewordenen Ballgesellschaft, entfernten sich die Beteiligten, einer nach dem anderen, und schlichen sich möglichst lautlos die rückwärtige Holztreppe hinauf, um sich dann auf dem Umlaufbalkon zu versammeln, auf den die Fenster des Geisterzimmers hinausgingen und von dem man die Vorgänge drinnen belauschen konnte. Von diesem Umlauf gab es außerdem eine kleine Wandtür, die in einen außer Betrieb gesetzten Kaminabzug führte – früher wohl zum Rauchfangkehren benutzt –, und durch den offenen, von einem Gobelin verdeckten Kamin konnte man das Geisterzimmer betreten und darin gleichsam aus der Luft erscheinen. Das Verschwinden war dann leicht, weil es außer dem Haupteingang, den der Gast verriegelt haben mochte, eine zweite, ebenfalls verhängte und unverschließbare Seitenpforte gab. Dabei hatte der Herr Bräu vier lebende Zeugen, daß die wirklichen Geister, waren sie einmal zum Spuken aufgelegt, nicht solche Tricks benutzten, sondern aus der Wand kamen und durch die verschlossene Türe abgingen. Die Clementin sollte die weiße Frau spielen – Schleier und Phosphorfarbe hatte der Bräu für solche Fälle im Kabinettchen bereit –, der Zipfer und der Dodey würden sich hinter ihr in den Kamin schleichen, um für die unheimlichen Geräusche zu sorgen, wofür der Dodey das gewisse Trampeln, Scharren und Klopfen, der Zipfer das Stöhnen und das grausige Kichern verstand. Der Bräu und der Ammetsberger würden draußen lauschen und zuschauen. Da die Wände des Hauses unermeßlich dick waren, hörte man im ersten und zweiten Stock den Lärm aus der Wirtsstube drunten höchstens wie ein ganz fernes, verworrenes Gelalle, das gleich Wind oder Regen die Nachtstille noch stiller machte. Selbst nervöse Leute konnten hier droben eine im Erdgeschoß stattfindende Hochzeit verschlafen – falls es der Herr Bräu nicht anders beschlossen hatte.

Der Schnee schauerte in den überdachten Umlauf hinein, der Clementin klapperten die Zähne, ob-

wohl sie einen schweren Mantel über ihre Geisterschleier geworfen hatte, — während sie sich, als letzte von allen, auf den filzgesohlten Spukschuhen hinausschlich. Man wollte sich zuerst von außen überzeugen, ob im Raum drinnen alles still und unverdächtig sei. Die Vorhänge und Läden des Geisterzimmers waren so tückisch angeordnet, daß immer ein kleiner Schlitz frei blieb, durch den man hineinschauen konnte. Durch diesen Schlitz fiel jetzt, zur peinlichen Überraschung der Anschleichenden, ein dünner Lichtschimmer. Vielleicht hat er die Nachtlampe brennen lassen, flüsterte der Bräu — er hat gesagt, er ist müd. Die Clementin hatte bereits den Fenstersims erreicht, ihr Gesicht an die Scheiben gepreßt und starrte reglos in den verwunschenen Raum.
Da drinnen brannte wirklich die kleine Nachtkastenlampe. Der Handkoffer stand verschlossen auf dem unberührten Bett. Ausgepackt waren nur die Ledermappe, deren Inhalt, über den Tisch verstreut, sie sofort als Noten und Notenpapier erkannte. Zwischen Tisch und Bett wanderte auf Strümpfen, sonst noch völlig angekleidet, der junge Mann auf und ab, dann und wann stehenbleibend, um mit einem kleinen abgekauten Bleistift auf das Papier zu kritzeln. Seine Lippen bewegten sich lautlos, als würde er in Gedanken

etwas singen, vielleicht sang er sogar wirklich leise vor sich hin, und man konnte es durch die geschlossenen Fenster nicht hören. Manchmal hoben sich seine beiden Hände ein wenig und taktierten kurz in der Luft, dann fielen die Arme wieder herab und hingen wie abwesend, vergessen, von seinen Schultern. Das dünne Nachtlicht warf seinen Schatten groß und verschwommen über die Wand und legte einen bleichen, ungewissen Schimmer um seine Stirn. Die Augen waren hinter dem Brillenglas verblendet. Es ging von seinem einsamen Tun und Treiben eine so ganz in sich versammelte, zielvolle und nüchterne Planmäßigkeit aus, daß es fast unheimlich wirkte — unheimlicher als jeder künstliche oder echte Geisterspuk. Es hatte nichts von Zaubern, vom Streuen und Weih'n um den Rabenstein. Es war, wie wenn jemand mit äußerster Präzision und mit allen technischen Handgriffen an einer Maschine arbeiten würde, die nicht existiert oder die nur er selber sieht.

Die Clementin stand wie gelähmt. Sie empfand etwas wie einen brennenden Rutenschlag über den ganzen Leib. Sie spürte, wie das Blut aus ihren Schläfen wich. Ihr Herz polterte gegen die Rippen. Sie klammerte die eiskalten Finger an den Fenstersims.

»Wach is er«, hörte sie die enttäuschte Stimme des Bräu über ihre Schulter wispern.
»Beten tut er«, murmelte Florian Zipfer, der in seinem Mesnerleben vielen brevierflüsternden Herren gedient hatte.
»Naa«, sagte der Dodey, nachdenklich und verständnisvoll, »der spinnt.«
»Ah was«, sagte der Ammetsberger, lauter als es der Lage angemessen war, denn die schneefeuchte Nachtluft hatte ihn keineswegs nüchtern gemacht. »Angst hat er, deshalb schlaft er net. An Schreck muß er kriegen. Geng mer's an, schrei'n mer allmitanand – ein, zwei –«
In diesem Moment jedoch, indem er bereits hörbar den Atem einzog, um ihn mit alkoholischem Grölen wieder auszustoßen, war die Clementin aus ihrer kalten Erstarrung erwacht. Sie fuhr herum und preßte dem verblüfften Ammetsberger rasch die Hand auf den Mund.
»Abfahren!« zischte sie vor und stampfte mit den lautlosen Gespensterschuhen. »Abfahren!«
Betreten löste sich die Gesellschaft der Geisterseher auf und schlich zur Treppe zurück. Sie selbst folgte, vor Kälte und Erregung zitternd, am Arm des ärgerlichen Herrn Bräu, nachdem sie noch einen Blick durch die Scheiben geworfen hatte. Der Arbeitende drinnen hatte für den Bruchteil

einer Sekunde den Kopf gehoben, nicht anders, wie wenn ihn eine Fliege oder ein Zugwind gestreift hätte, und sofort ohne Verdacht oder Unterbrechung weitergemacht.

»Ein ungepflegter Mensch«, murmelte Matthias Hochleithner böse — »bleibt net auf und geht net schlafen. Morgen früh zieht er aus.«

Drunten war das Fest zu einem kurzen kataklysmischen Aufflackern vor dem Ende erwacht. Es war den Bauern eingefallen, daß längst Aschermittwoch angebrochen sei, und nach altem Köstendorfer Brauch mußte zur Auskehr des Faschings der stock- und steifgetrunkenste Festteilnehmer als Fastenleiche eingeäschert werden. Die Wahl war auf den Postmeister gefallen, der nach dem Verschwinden des Herrn Bräu am Stammtisch eingeschlafen war. Er war ein dicker, freundlicher, phlegmatischer Mensch, der sich weder über verlorene Wertpakete, verspätete Eilbriefe, unleserliche Adressen, verstümmelte Telegramme, noch über irgend etwas anderes in der Welt aufregte. Man hatte ihn auf einen als Bahre improvisierten, umgekehrten Tisch gelegt, die Musik spielte einen Trauermarsch im Walzertakt, eine schwankende, stolpernde Prozession bewegte sich zuerst in die Küche, wo man einen Eimer kalter Erdasche aufkratzte, dann durchs

Vorhaus in die Gaststuben und auf den Tanzboden zurück. Der Roisterer Klaus, ein dunkelhäutiger, schwärzlicher Geselle mit Kohleaugen in seinem narbigen Gesicht, das durch das Fehlen sämtlicher Vorderzähne und das Herausstehen zweier eberhafter Eckhauer einen wilden, räubermäßigen Eindruck machte, hatte sich mit langen weißen Küchenschürzen und roten Abwaschtüchern in eine Art Priestergewand vermummt und schritt, Aschenfaß und Staubwedel schwingend, dem Zug voran, wobei er mit rauher, lallender Stimme monotone Exequien in einem wüsten, phantastischen Narrenlatein leierte, von einem plärrenden Ministrantenchor durch Antworten und Wiederholungen assistiert. In der Mitte des Tanzbodens setzten sie die Leich ab, und unter allerlei grotesken Zeremonien wurde der schläfrige Postmeister, der sich auch hierüber nicht aufregte, erst mit Bier angesegnet und dann über und über mit Asche beschmiert. Männer johlten vor Spaß, Weiber kreischten und quietschten, als er sich nun aufrichtete und gemeinsam mit dem Klaus in wallender Schürzenschleppe durch die Stuben wankte, um jeden, der ihm in die Nähe kam, anzuschmutzen. Keinem kam dabei auch nur im entferntesten in den Sinn, daß sie etwa mit etwas Heiligem ihren Spott trieben oder gar eine

Blasphemie begingen. Keine Spur von Hohn, von Verlästerung wurde dabei empfunden. Es war der letzte und dreisteste Bocksprung jener aus allen Banden gelösten Maskenfreiheit, wie sie der ernsten Zeit und ihrer tiefen Stille seit Urgedenken vorausging. Dieselben Leute, die sich jetzt noch wie losgelassene Erdgeister und tobende Rüpel gebärdeten, würden in ein paar Stunden ruhig und gelassen ihr Knie vor dem Altar beugen und vom Daumen des Priesters das Aschenkreuz, das Memento der kommenden Passion und aller Vergänglichkeit, auf die Stirn empfangen. Dann würden sie ebenso ruhig und gelassen, wenn auch nicht ohne Brummschädel und Haarwurzelziepen, an ihre Arbeit gehen. Jetzt aber überschlug sich noch einmal die entfesselte Lustbarkeit der späten Stunde. Jeder pumpte seinen Rest von Witz und Stimme aus, man löschte den Gurgelbrand mit frischem, kaltem Bier und aß noch eine überfällige Speckwurst zur besseren Bekömmlichkeit. Der Herr Bräu hatte all seine gute Laune wiedergefunden, thronte wie vorher auf seinem Backenstuhl, pflanzte die Vorbeitaumelnden mit derben Scherzworten und lachte Tränen über ihre dummschlauen oder gescherten Antworten. Die anderen Stammtischgäste waren mehr oder weniger abgefallen. Der Ammetsberger starrte glasig vor sich hin. Der Ausflug auf den kalten Umlauf hatte die Geister des Birnenschnapses aus seinem Magen ins Hirn gelockt, wo sie eine hämmernde, wirblige Gespensterpolka drehten. Und der harte Handgriff der Clementin auf seinen Mund, ihr unbegreiflich barsches, fast drohendes Aufbegehren hatten irgendwelche nebligen, düsteren Ahnungen in ihm geweckt und ihn jählings vom Gipfel seines glücklichen Besitzerstandes hinabgeworfen. Er mußte schlucken und den Schweiß von seiner Stirn wischen, es war ihm fast eine Erleichterung, daß die Clementin selber verschwunden war und ihn in diesem Zustand bedauerlichen Absinkens nicht mehr sah.

Die Clementin aber hatte sich unter dem Vorwand des Kostümwechsels aus der Gesellschaft und dem Wirtshaus weggeschlichen. In ihren Mantel gehüllt, mit hohen Pelzüberschuhen, ein seidenes Tuch um die Haare, ging sie langsam, Schritt für Schritt, durch den knöcheltiefen Neuschnee den gewohnten Heimweg in der dunklen Kastanienallee zur Villa hinauf. Wenn sie sich umdrehte, konnte sie noch die schwarzen Umrisse des Wirtshauses sehen, die erleuchteten Fenster des Tanzbodens und den schwachen, kaum bemerkbaren Lichtstreif aus dem Zimmer im

Oberstock. Der Schnee trieb noch immer, er hatte sich dick und schwer auf alle Zweige gepackt, und hinter dem Schnee war ein hohles, gurgelndes Windheulen, das auf Tauwetter, Föhn, Frühling deutete. Kuhbrüllen kam wie dumpfes Stöhnen aus einem entfernten Stall. Bald mußte Melkzeit sein. Es war schon ein grauer Dämmerschein in den Wolken.

Der kalte Schnee tat ihr gut auf dem Gesicht. Sie atmete tief, sog die starke Morgenluft wie einen fieberkühlenden Trunk. Aber sie konnte sich nicht von dem heiligen Schreck erholen, der ihr beim Anblick des ahnungslos in seine Arbeit vertieften Mannes durch die Seele gefahren war. Noch hier, allein und im Dunkeln, machte es sie rot und blaß. Sie war verzweifelt, sie schämte sich und wußte nicht genau, warum und wofür. Nicht wegen des Streiches, den sie geplant hatte. Sie schämte sich tiefer. Sie schämte sich ihrer selbst. Wäre der junge Mann dageblieben, wär' er nicht seinem eignen Gebot gefolgt und komponieren gegangen, als es ihn dazu trieb, hätte er sich gar um sie bemüht, wie sie's eigentlich erwartet hatte, so hätte sie ihn sicher nach einem kurzen, neugierig flüchtigen Interesse nicht weiter beachtet und ihn mit dem gleichen oberflächlichen Hochmut behandelt, mit dem sie sich ihrer Verehrer entledigte, sich aber auch selbst über alle wirkliche Erschütterung und Entscheidung wegspottete. Jetzt war ihr der Spott vergangen. Sie konnte nicht aufhören, den fremden Menschen vor sich zu sehen, wie er da droben zwischen Tisch und Bett auf und ab ging, und der nicht wußte, daß sie ihn belauscht hatte. Sie fühlte Schuld, Beschämung, Reue. Das Herz war ihr aufgerissen. Aber ein Herz muß aufgerissen werden, wie der Acker vom Pflug, damit es blühen und fruchten kann.

III

Die Fastenzeit nahm ihren gewohnten Verlauf, alles ging, wie es die Regel war: zu Reminiscere regnete es, auf Lätare kamen die Weidenkätzchen heraus, Judica brachte Eis und Hagel, zu Oculi strichen die ersten Schnepfen ein, und bis Palmarum schmolz der letzte Schnee. Nur im Bergwald droben und auf der Hochleiten lagen noch alte verharschte Placken. Von den Äckern und Wiesen rings um das Dorf hinunter zum hechtgrau schillernden, schollenbrüchigen Wallersee wehte im lauen Märzwind jener scharfe Geruch der ausgefahrenen Jauchenbrühe, Odel genannt, und

mengte sich mit den zarteren Düften von Seidelbast, Veilchen, aufgetauter Erde. Die feuchten Bachmulden und Waldränder färbten sich grünlich-weiß und lichtblau von den Feldern der Schneeglöckchen, wilden Krokusse und kleinen Traubenhyazinthen. Die Stare kamen, schwatzten und flöteten in den Wirtshauslinden, der Tischler Beyerl kletterte in die Kronen, selbst wie ein langschnäbliger Riesenstar, und reparierte die alten brüchigen Nistkästchen. Abends schrien die Amseln, nachts heulte der Kauz, in der Frühdämmerung fauchten und knurrten die Mooshähne. Die Bauern pfiffen laut, wenn sie den langgestreckten, überschwappenden Odelwagen durch die schlammigen Wegrinnen fuhren. Der Roiderfischer legte in der eisfreien Bucht die ersten Grundangeln. Die Knechte striegelten die schweren Bierwagenrösser blank und flochten ihre Mähnen und Schwänze in festliche Zöpfchen.
Ostern stand vor der Tür. Die zehnjährigen Kinder gingen zum Erstkommunionunterricht und begannen mühselig, ihre flaumleichten, noch nicht ausgefiederten Gewissen für die Generalbeichte zu erforschen. Der Kirchenchor übte Stefan Wagners ›Feierliche Messe in G-dur‹. Niemand ahnte, daß in Alt-Köstendorf, hinter dem stillen Kreise der Monde, die sich mehrend und mindernd dem

Frühling zuwandten, die Geisterschlacht entbrannt war, der Umsturz lauerte, ein heimlicher Machtkampf tobte.

Dem Seelenbräu war in der ersten Fastenwoche etwas vollständig Unerhörtes begegnet: ein Junglehrer hatte ihm widersprochen und ihn öffentlich, unter den Augen der angststarrenden Klasse, korrigiert. Man konnte nicht behaupten, daß der junge Mensch dabei frech oder unbescheiden gewesen sei. Es war ihm offenbar gar nichts darüber eingefallen, er hatte nachsichtig gelächelt und sich sogar ein wenig verbeugt, als er dem nach Gewohnheit in den Chor hineinbrüllenden Dechanten anschaffte, Fis statt F zu singen, damit er die zweite Stimme nicht verdürbe. Er hatte auch mit der gleichen unbefangenen Höflichkeit erklärt, daß Gehörprüfungen in seiner Klasse nicht nötig seien, er lasse die Kinder nach einer völlig anderen Methode singen, als der Dechant sie anzuwenden versuchte, und er hatte zu behaupten gewagt, daß eine Quint im Chorgesang nicht unbedingt ein Mißton sei, was dem Dechanten wahnwitzig und ketzerisch erschien. Überhaupt hatte er seinen Besuch durchaus als den eines neutralen Gastes aufgefaßt, ohne sich im geringsten aus dem Konzept bringen zu lassen, und seine Bedeutung als absolute Autorität im Köstendorfer Musikleben anscheinend gar nicht begriffen. Und als der Dechant die Stirne blaurot anlaufen und die Augäpfel vorquellen ließ, hatte er ihm in freundlicher Besorgnis einen Stuhl und ein Glas Wasser angeboten. So blieb dem Seelenbräu nichts weiter übrig als wieder wegzugehen und sich beim Oberlehrer Weidling zu beklagen. Herr Weidling wurde dadurch in eine peinliche Verlegenheit gebracht, denn er wußte wohl, daß der Dechant zwar das Recht der Tradition und die Macht der Gewohnheit, aber keinen amtlichen Titel auf seiner Seite hatte, der ihn befugte, in den Schulunterricht einzugreifen. Die Gesangstunde war eben Sache des damit betrauten Lehrers, der, wenn er es falsch oder schlecht machte, gegen den Lehrplan verstieß, sich unfähig zeigte, gemaßregelt, abgesetzt, entlassen werden konnte. Das müßte aber erst untersucht und bewiesen werden, man konnte nicht einfach hingehen und ihn schurigeln. Es schien unmöglich, auch auf die taktvollste Weise, das dem geistlichen Herrn begreiflich zu machen. Der Oberlehrer nahm sich vor, dem jungen Mann, der eine etwas langsame Auffassung zu haben schien, unter vier Augen einen kräftigen Wink zu geben, und versuchte es für die gegenwärtige Situation mit ablenkenden Redensarten, Wetter und Frühgemüse betreffend, was den Dechanten zur Weißglut brachte. Aus dem Schulzimmer hörte man das Schmettern der Kinderstimmen. Man mußte zugeben, es klang nicht übel.

Das war aber nur der Anfang der Spannungen und Zerwürfnisse. Der harmlose, bescheidene Junglehrer, sonst eher zerstreut, heiter und nachgiebig, zeigte in Sachen der Musik einen recht schönen Starrsinn. Nicht nur, daß er in seinem Unterricht jede Einmischung ablehnte und die immer deutlicheren Winke des Oberlehrers konsequent überhörte, sondern seine gefährlichen Tendenzen schienen unter der Köstendorfer Schülerschaft Boden zu gewinnen und um sich zu greifen. Es kam vor, bei einer Probe des Kirchenchors, daß die Sänger an gewissen Stellen verlegen und störrisch schwiegen, bis der Dechant mit dem Rohrstock drohte, und schließlich durch leises Gebrumm und Gemurre zum Ausdruck brachten, daß die Orgel etwas anderes spiele als in den Noten stehe. Die eigene Tochter, die dreizehnjährige Crescentia, bezichtigte ganz offen ihren Vater Florian Zipfer eines falschen Taktmaßes und unrichtiger Akkorde – in einem Choral, den man seit Jahrzehnten genau so und nicht anders gespielt hatte, wodurch er nach Meinung der Crescentia nicht richtiger geworden war. Das konnte nicht auf Zipferischem Miste gewachsen sein. Der Dechant wurde gezwungen, Irrtümer zuzugeben, Unklarheiten zu berichtigen, und er erkannte darin die giftige Saat des Aufruhrs und der Zersetzung. Er machte noch andere, unheimlichere Beobachtungen. Verschwörerhaft pflegten sich kleinere Gruppen von Kindern nach den abendlichen Chorproben zu entfernen, um unter allerlei heimlichem Getuschel eine andere Richtung als die zu ihren elterlichen Bauernhöfen einzuschlagen. Auch hatte der erbitterte Zipfer ihm zugetragen, daß nicht nur eine Reihe von Schulkindern außerhalb der Stunden mit dem Junglehrer gesehen worden sei, zum Beispiel am Seeufer, wo er auf die albernste und würdeloseste Weise mit ihnen Indianer gespielt und Rohrpfeifchen geschnitten habe, sondern daß während seiner Singstunden ein Halbwüchsiger, der wegen Stimmbruchs nicht mittun konnte, als Wache ausgestellt werde, um eine eventuelle Annäherung des Seelenbräu zu melden. Man befand sich also schon fast im Kriegszustand, wenn auch noch keine offenen Feindseligkeiten ausgebrochen waren. Der Dechant verschmähte es, sich durch Betreten des Schulhauses mit einem so unwürdigen Gegner gemein zu machen, hielt sich beleidigt zurück, wiederholte aber beim Oberlehrer

Weidling seine ärgerlichen und drohenden Vorstellungen. Nun war der Oberlehrer durchaus nicht gesonnen, des Junglehrers wegen in einen Rechts- und Gewissenskampf einzutreten. Statt dessen hatte er unterderhand gewisse Erhebungen gemacht, in der Hoffnung, etwas herauszufinden, womit man den Störenfried lahmlegen und loswerden könne. So erfuhr der Dechant, daß der junge Mann mit den verschiedensten respektierlichen Salzburger Familien, die den Namen Haindl trugen, überhaupt nicht verwandt war, sondern daß sein Vater ein Eisenbahner aus Wien gewesen sei, am Salzburger Rangierbahnhof gearbeitet und in einem Gnigler Mietshaus unweit der Bahnstrecke gewohnt habe. Daß der Sohn Franz, der seinem Aussehen nach jedes Alter zwischen zwanzig und dreißig haben konnte, zweimal das Landeslehrerseminar verlassen und versucht habe, sich als freier Musikstudent durchzubringen. Daß er im Ausland gewesen sei und offenbar ohne Geldmittel in vagabundierender Weise gereist wäre. Daß er eine Zeitlang bei einem Verwandten in Wiener Neustadt gelebt und den dortigen Arbeiter-Sänger-Chor dirigiert habe. Daß er erst kürzlich, nach dem Tod seines im Dienst verunglückten Vaters, heimgekommen sei und die Seminarlehrerprüfung abgelegt habe, um seine Mutter und jüngeren Geschwister zu unterstützen. Dieser letztere Zug hätte für ihn sprechen können und stimmte den Dechanten zunächst auch nachdenklicher. Alles andere sprach entschieden und häßlich gegen den jungen Mann. Eisenbahner ist schon ein sehr düsterer Vaterberuf. Nicht wegen der sozialen Klassifizierung. Maurer, Bauernknecht, Büchsenmacher, Fuhrmann, Polizist, Kellner oder Friseur, alles wäre besser gewesen. Denn die Eisenbahner standen, kein Mensch konnte sagen warum, im Geruch, gottlos und unsittlich zu leben. Vielleicht weil sie die Gelegenheit hatten, herumzureisen und über Nacht wegzubleiben. Die Unstetheit, die der Franz Haindl in seiner Studienzeit an den Tag gelegt hatte, schien auch auf eine solche verderbliche Charaktererbschaft hinzuweisen. Das Schlimmste aber war Wiener Neustadt und der Arbeiter-Sänger-Chor. Denn in Wiener Neustadt, da lebten die Roten, eine Menschensorte, von der der Dechant eine zwar unklare, aber ganz abscheuliche Vorstellung hatte. Jeder wußte, daß Wiener Neustadt so rot war wie Saublut und Vogelbeeren. Was dort in einem Chor gesungen wurde, konnte nichts Gutes und Kunstmäßiges, es mußte wild, grausam und heidnisch sein — und daß einer dort gewirkt hatte, genügte schon, um ihn für das Lehramt in einer anständigen Gemeinde wie Alt-Köstendorf als völlig ungeeignet zu stempeln. Man könnte ohne weiteres beim Landesschulrat Einspruch erheben, und zwar mit sicherem Erfolg. Trotzdem scheute der Dechant vor einem solchen Schritt noch zurück und veranlaßte auch den dienstwilligen Oberlehrer, nichts Voreiliges zu unternehmen. Er, der Seelenbräu, hatte bisher in all den Jahrzehnten seiner Amtszeit noch alle Schwierigkeiten und Probleme selbst, aus eigener Machtvollkommenheit, nach eigner Meinung und im Stil der eignen Persönlichkeit zu bewältigen verstanden, und es widerstrebte ihm, bei irgendeiner höheren Offizialstelle Unterstützung zu suchen. Auch hielt ihn, ohne daß er sich's zugestand, ein heimliches Anstandsgefühl davon ab, obgleich er sich wohl hätte sagen können, daß es seine Pflicht sei, die Kinder vor einem schlechten Einfluß zu bewahren. Es war nicht Mitleid, nicht Zweifel an seinem Recht, eher eine Art von Ritterlichkeit. Es wäre ein Kampf mit gar zu ungleichen Waffen gewesen.

Desto strenger, unbeugsamer und hartnäckiger verfuhr er aber jetzt mit seinem Kirchenchor. Es gab keine Kracherln, keine Zuckerln, keine Hutzelbirnen mehr. Jeder kleinste Versuch von Unbotmäßigkeit wurde im Keim erstickt. Furcht und Zittern herrschte im kalten, schwach erleuchteten Orgelhochbau, in dem die Proben stattfanden. Eines Tages holte er zum Schlag aus, indem er den Junglehrer auffordern ließ, einer Probe des Kirchenchores beizuwohnen. Franz Haindl, der wohl wußte, daß dies ein hingeworfener Handschuh war, saß unbeweglich in einer Ecke und lauschte mit gesenktem Kopf. Wer ihn sonst nicht kannte, hätte denken müssen, daß diesem todernsten jungen Mann kein Fünkchen Humor verliehen sei. Jede Heiterkeit war aus seinem Gesicht verschwunden und hatte einem Ausdruck von fast verbissenem Eigensinn Platz gemacht. Seine Unterlippe war vorgeschoben, die Mundwinkel herabgezogen, die Backenmuskeln kauten fanatisch. Ein gefährlicher Mensch, dachte der Dechant, der ihn heimlich beobachtete. Höchste Zeit, daß man ihm den Meister zeigt. Nach der Probe hielt er ihn zurück. Was denn nun so ein Musikgelernter, fragte er ihn mit einer gewissen jovialen Hinterhältigkeit, am Köstendorfer Kirchenchor auszusetzen habe. – Ob er offen reden dürfe, murmelte der junge Mann. – Freilich, sagte der Dechant drohend, sonst hätte er ihn ja nicht zu fragen brauchen. – Dann, sagte Franz Haindl, möchte er sich die Bemerkung erlauben, daß er die Auswahl des Dechanten nicht ganz verstehe. In derselben Zeit, mit der gleichen Mühe könnte man auch Gutes und Wertvolles einstudieren. – »Was zum Beispiel?« fragte der Dechant mit mühsamer Beherrschung. – Der Junglehrer zuckte trotzig die Achseln. »Man braucht nicht weit zu suchen«, sagte er – »wenn einem die ganze ernste Musik von Palestrina bis Bruckner zur Verfügung steht – warum dann unbedingt Stefan Wagner?« Er sprach den Namen mit einer spöttischen Betonung aus. Der Dechant begann anzulaufen. »Junger Mensch«, sagte er voll Ingrimm – »hier ist keine Oper. Hier ist kein internationaler Konzertsaal. Hier ist kein roter Sängerbund. Hier ist ein einfacher und ländlicher Kinderkirchenchor.« – »Grade deshalb«, sagte Franz Haindl, »sollte man gute Musik machen.« Bekennerhaft warf er den Kopf zurück und starrte seinem Gegner herausfordernd in die Augen. Keiner von beiden wußte, wie komisch sie dabei ausschauten. Wenn Fanatiker sich selbst sehen könnten, würden vermutlich viele Konflikte beigelegt.

Der Dechant konnte kaum an sich halten. »Sie behaupten also«, brachte er keuchend hervor, »Stefan Wagner sei keine gute Musik?« – »Nein«, sagte Franz Haindl unerbittlich, »er ist zweitrangig.« – Jetzt war es für den Dechanten zuviel.

»Das kann a jeder sagen«, schrie er mit geballten Fäusten, »a jeder zug'reister Nixkönner, a jeder Bimpf! Machen S' erst was Besseres, Sie —«
Er sah aus, als möchte er ihm am liebsten eine Watschen herunterhauen. In Franz Haindls Miene war aber nun eine Spur von Humor und Menschlichkeit zurückgekehrt. Er hatte seinem Herzen Luft gemacht, er hatte gesagt, was ihm sein musikalisches Gewissen befahl. Jetzt empfand er eher ein leises Bedauern, daß er den alten Herrn habe kränken müssen, und den heimlichen Wunsch, es wieder gutzumachen. Dafür gab es aber im Augenblick keine Gelegenheit. Er konnte nichts tun, als ihn möglichst rasch von seiner Anwesenheit zu befreien, und entfernte sich mit einer höflichen Verbeugung, die auf den Dechanten sarkastisch wirkte. Während er aber eilig davonschritt, formte und festigte sich in seinem Inneren ein hoffnungsvoller Plan.
Der Dechant fühlte sich tief verletzt. Von jetzt ab kämpfte er nicht nur für die Aufrechterhaltung der Köstendorfer Tradition und seiner eignen Autorität, sondern für Stefan Wagners nie bezweifelte Erstrangigkeit und für die ihm ans Herz gewachsene ›Feierliche Messe‹. Nie vorher war sie mit solcher Hingebung und so zäher Wucht geprobt worden. Die Festtage hatten dieses Jahr

eine besondere Bedeutung für den Dechanten. Anfang April, nicht zu lang nach Ostern, sollte er sein goldenes Priesterjubiläum begehen. Wie konnte man sich besser auf ein solches Ereignis vorbereiten als im Dienst der geliebten Musik? Schon hatte der Pater Schießl, der sowieso eine Reihe von Fastenmissionspredigten in der Umgebung abhielt, zugesagt, das österliche Hochamt zu zelebrieren. Der Seelenbräu ließ sich nicht durch rebellische Redensarten aus dem Sattel stechen.

Zur selben Zeit beobachtete er zum ersten Male jene merkwürdigen und beunruhigenden Veränderungen an der Clementin, die er zunächst in keinerlei Verbindung mit den anderen Vorgängen brachte. Einmal fand er sie überm Klavier in Tränen aufgelöst, ohne daß sie einen Grund angeben wollte — ein andermal hatte sie mitten in der Arbeit die Stunde abgebrochen und in heftiger Weise erklärt, daß sie alles aufgeben und überhaupt nie mehr singen oder eine Note anschauen werde. Dann wieder hatte sie ganz ungeregelte und unberechenbare Ausbrüche von Heiterkeit, ja es kam ihm vor, als treibe sie eine Art von lustigem Schabernack mit ihm, den er nicht recht begriff, oder als verberge sie ihm irgendein äußerst spaßhaftes Geheimnis, das in schwer verhaltenen Lachkrämpfen aus ihr herausplatzen wollte. Er hätte eine gewisse Erklärung für diese Wallungen gehabt, denn man sagte im Dorf, daß sie heimlich mit dem Herrn von Ammetsberger verlobt sei. Sie machte ihm aber keineswegs den Eindruck einer glücklichen und nur durch die Bedrängnis des ungewohnten Brautstandes aus dem Gleichgewicht gebrachten Liebenden. Auch hatte er, ohne ihn näher zu kennen, eine gewisse Abneigung gegen den von Ammetsberger und konnte sich die beiden nicht recht zusammen vorstellen. Vielleicht konnte oder wollte er sich überhaupt die Clementin mit niemandem zusammen vorstellen. Um so härter traf ihn dann der unvermutete Schlag, der seinen Seelenfrieden schwer erschütterte.

In der ›Straß‹ platzte die Bombe erst am Palmsonntag. Das war, als der Professor Leopold Fischlhammer vom Mozarteum beim Dämmerschoppen am Stammtisch des Herrn Bräu plötzlich laut sagte:
»Die Köstendorfer Fasching-Suite ist ein Skandal.« Er hatte einen Augenblick abgepaßt, in dem die Clementin hinausgegangen war, um für ihren Onkel einen Liter Wein zu zapfen. »Ja so«, sagte der Bräu, der sich aus Prinzip nie merken ließ, wenn er nicht wußte, wovon die Rede war.

»Ein Skandal«, wiederholte Fischlhammer.

»Und daß er es Ihrer Nichte gewidmet hat«, sagte die Frau Professor Fischlhammer mit einem hinterfotzigen Blick, »darüber reden die Leut.«

»Ja so«, sagte Matthias Hochleithner noch einmal und begann angestrengt nachzudenken.

Der Professor Fischlhammer, eine anerkannte Autorität als Musikschulbeamter und Komponist der von Liebhabervereinen oft gesungenen ›Variationen über das Madl-ruck-ruck-ruck‹, gehörte nicht zu dem Kreis von Clementinens Feiertagsverehrern. Er ließ sich auch, obwohl durch seine Gattin mit der Familie Hochleithner entfernt verwandt, nicht oft in Köstendorf sehen und war vermutlich nur herausgekommen, um diese Bemerkungen fallenzulassen.

Seine Frau war eine Wirtstochter aus der entfernten Vetternschaft, die den Mädchennamen Aphrodite Braumüller getragen hatte, was ihr im Kreis des Leibesbräu den Spitznamen ›Die Bierschaumgeborene‹ einbrachte. Darüber war sie wohl ein wenig verbittert. Sie gehörte überhaupt zu jener Art von Frauen, die immer über etwas beleidigt sind, und daher stammte die kühle Beziehung zwischen den Familien. »Man wundert sich allgemein«, sagte die Bierschaumgeborene jetzt mit einer etwas schrilleren Stimme, »über

die Widmung. Man hält es für eine Taktlosigkeit.«
»Was für eine Widmung?« mischte der Ammetsberger sich ein.
»Ja, wissen Sie denn von nichts?« rief die Frau Professor mit gemachtem Erstaunen.
»Ein Skandal«, sagte der Fischlhammer zum drittenmal.
»Weshalb denn?« fragte der Bräu vorsichtig – »weshalb is ein Skandal?«
»Weshalb?« schrie der Professor empört. »Weil's eine Schand is! Da könnt a jeder kommen und sagen, es ist Musik, wenn er auf'n Soachdeckel haut!«
Durch ein paar weitere geschickte Kreuzfragen brachte Matthias Hochleithner heraus, daß zu einem vom Mozarteum veranstalteten Wettbewerb für einheimische Komponisten, der dem Gewinner öffentliche Aufführung und Drucklegung versprach, das Machwerk eines gewissen Franz Haindl eingereicht worden sei, ›Die Köstendorfer Fasching-Suite‹ genannt, und zur allgemeinen Sensation unter den Preisrichtern mit einer handschriftlichen Widmung an das Fräulein Clementin versehen. Es handle sich um eine unverschämte, frivole und stümperhafte Kakophonie.
»So a Gemeinheit«, sagte der Ammetsberger, der

glaubte, daß eine ›Kakophonie‹ etwas Obszönes sein müsse. Auch der Herr Bräu war äußerst peinlich berührt. Nichts haßte er mehr, als wenn hinter seinem Rücken etwas vorging, wovon er nichts wußte, und was er durch fremde Leute erfuhr. Auch war er besonders erbittert über den Augenblick der Enthüllung, denn es wurden grade in der Kuchl draußen die Schnepfen zubereitet, die er vor einer Woche im Keanberger Forst geschossen hatte. Sie waren gut ausgehangen, und er freute sich seit Tagen auf diese Mahlzeit. Der zart-kräftige Wildgeruch verbreitete sich schon im Haus, und es nahte der Moment, wo man sie auf einem brennenden Spirituskocher auftragen werde, damit er selbst die Soße mit einem Schuß Kognak flambieren könne. Da mußte nun so ein Lackl die Stimmung verderben. Es war ihm nicht ganz klar, wen er mit dem Lackl meinte, den Professor Fischlhammer oder den inkriminierten Haindl, der immer noch für eine besonders billige Miete im Geisterzimmer wohnte. Der Herr Bräu hatte damals seine Drohung, ihn hinauszusetzen, nicht wahr gemacht. Vielleicht hatte er die geheime Absicht, bei besserer Gelegenheit noch einmal zu spuken. Oder es hatte ihm irgend etwas an dem jungen Mann gefallen, obwohl er sich als geisterfest erwiesen hatte. Und das war jetzt der

Dank. »A blöder Lackl!« rief er auf jeden Fall, um seiner inneren Wut Luft zu machen.

»Und so ein ausg'schamter Falott«, sagte der Professor voll Gift, »wird als Erzieher auf die unschuldige Dorfjugend losgelassen.«

»Es muß was g'schehn!« schrie der Ammetsberger und schlug mit der Faust auf den Tisch. Er war schon wieder über dem Birnenschnaps.

Plötzlich stand die Clementin in der Stube, man hatte in der allgemeinen Erregung ihren Eintritt gar nicht bemerkt. Sie maß den Ammetsberger mit einem herausfordernden, fast verächtlichen Blick, der ihn flammrot machte. Sie selbst sah blaß aus, schien aber ruhig und gefaßt. Nur die Glaskaraffe mit dem vom Einzapfen noch perlenden weißgelben Terlaner zitterte ein wenig in ihrer Hand.

»Was is denn dös für a G'schicht«, sagte der Bräu leise und drohend, »mit der Widmung? Hast du ihm das erlaubt?«

»Ich hab's nicht gewußt«, sagte die Clementin, indem ihr Gesicht sich ablehnend verschloß, »aber es ist doch keine Schand.«

»Keine Schand!« rief der Fischlhammer und griff sich an den Kopf. »Keine Schand!«

»Nein«, sagte die Clementin und stellte den Wein

ab. »Gewiß, keine Schand. Aber vielleicht eine Ehre.«

»Ah so«, machte der Fischlhammer mit einem bitteren Lachen, »ja freilich. Lobkowitz. Eszterhazy. Haffner.«

»Warum net«, sagte die Clementin und zuckte hochmütig die Achseln, »der junge Tomaselli sagt, er wär ein Genie.«

»Genie —«, stöhnte die Professorin, als habe man Gott gelästert.

»Der junge Tomaselli«, rief der Fischlhammer, »der is ja selber noch naß hinter die Ohrwaschln. Was versteht denn der!«

»Wenn einer Franz Haindl heißt«, sagte der Herr Bräu gewichtig, »wenn einer Franz Haindl heißt — dann is er a Selcher oder, wann's hoch kommt, im Delikatessengeschäft. Aber ka Genie.«

Man barst vor beifälligem Gelächter, der Bräu schien wieder Herr der Lage zu sein.

»Geh«, sagte die Clementin gelassen, als sich das Lachen gelegt hatte, »das ist doch nur Gewohnheit. Joseph Haydn war auch einmal so ein Name — eh man halt gewußt hat, wer er war. Was is denn da für ein Unterschied. Und Franz Schubert heißt unser Kashändler vom Grannermarkt. Davon wird die ›Unvollendete‹ auch net schlechter. Eher besser.«

Der Professor Fischlhammer war in die Höhe gefahren, wie von der Otter gebissen. »Kein Unterschied«, stammelte er, fast flüsternd vor Entsetzen, »kein Unterschied — zwischen dem Haydn — und dem Haindl.«

»Das hab ich nicht gesagt«, fuhr die Clementin auf.

»Ich hab's gehört! Ich hab's gehört!« schrie die Bierschaumgeborene und bekam rote Flecken auf den Jochbeinen.

»Ich hab's aber net gesagt!« rief die Clementin, jetzt auch schon am Überlaufen. »Ich hab gesagt, warum soll einer nicht Franz Haindl heißen und doch was Besonderes sein!«

»Dann kann er von mir aus«, sagte der Bräu, »Apotheker werden.«

Und die Beifallslacher übertönend, fügte er mit plötzlichem, unbeherrschtem Schreien hinzu:

»Aber dich soll er in Ruh lassen, gefälligst!«

»Sonst kann er was erleben!« fiel der Ammetsberger ein.

»Er laßt mich ja in Ruh«, rief die Clementin in verzweifelter Verwirrung — aber gleich darauf, mit einem Hochleithnerischen Stolz im Gesicht und an der Grenze des Groben-Wirts-Tons:

»Außerdem wär das meine Sach ganz allein. Da hätt hier niemand hineinzureden.«

»Niemand?« sagte der Bräu mit schwerem Atem und sah sie von unten an. Ihn hatte sie gar nicht gemeint, sondern den Ammetsberger. Aber was konnte sie tun? Hätte sie nur mit ihm allein sprechen können! »Niemand«, wiederholte der Bräu leise und ganz betroffen.

Seine Augen hatten sich plötzlich mit dicken Schatten verwölkt:

»Das wer ma sehn«, knurrte der Ammetsberger, »dem wer ma's zeigen.«

»Sie vielleicht?« rief die Clementin, froh, ihre Wut an den rechten Mann bringen zu können.

»Genialer als der Haydn«, wehklagte der Fischlhammer – »Der Haindl!« –

»Ich hab's gehört«, hetzte seine Frau, »ich hab's –«

Das Wort starb ihr auf den Lippen, es wurde in der Wirtsstube totenstill, sogar die paar Bauern und Knechte auf ihren Wandbänken, die sich bisher um den Diskurs nicht gekümmert und sich leise murmelnd unterhalten hatten, verstummten und schauten neugierig auf.

Ahnungslos, ohne etwas von dem Gespräch aufgefangen zu haben, war der Junglehrer Franz Haindl eingetreten. Mit einer höflichen Verbeugung zur Tafelrunde, einem Grüßgott zu den Bauern und einem unbefangenen herzlichen Lächeln für die Clementin ging er zu einem entfern-

ten Ecktisch, setzte sich nieder und nahm die Menükarte auf, um sich, wie jeden Sonntagabend, sein Nachtmahl und ein Viertel Wein zu bestellen.
»Es riecht ja so gut«, sagte er zu der Kellnerin, die den Brotkorb auf seinen Tisch stellte.
»Das sind die Schnepfen«, sagte die Rosa, »für den Herrn Bräu. Die sind nicht auf der Kart'n.«
Der junge Mann biß hungrig in ein Salzstangel und lächelte neidlos.
»Mir geben S' halt«, sagte er, indem er die Speiskarte überlas, »Hirn mit Ei. Nein, G'röste Nierndl. Nein, Gebackene Knödl. Nein — ein Naturschnitzel. Ein Naturschnitzel. Dabei bleibt's. Ein Naturschnitzel und Mitgebratene.«
Die Kellnerin hatte nur aus Gewohnheit zugehört, sie wußte es schon. Diese Speisenwahl wiederholte sich litaneiartig an jedem Sonntag, denn in jedem Österreicher und in jedem Künstler steckt ein Pedant. Der junge Mann lehnte sich befriedigt zurück und dachte, ob er, falls er ein Achtel Gespritzten für den Durst tränke, sich dann noch ein Viertel Terlaner leisten könne.
»Herr Haindl«, sagte Matthias Hochleithner, gar nicht laut, in eine beklommene Stille hinein, die jeder, außer dem Angesprochenen, als drohend empfunden hatte, »es wird geredt, daß Sie meiner Nichte eine Musik gewidmet haben.«

Er betonte Musik auf dem u und sprach es lang aus.
»Eine Musik!« brummte der Fischlhammer verächtlich.
»Ich war so frei«, sagte Franz Haindl, nach kurzem Zögern.
»Warum haben S' mich denn net vorher gefragt?« sagte der Bräu, um eine Spur leiser.
»Hätt ich das müssen?« sagte der Junglehrer erstaunt. »Darauf hab ich gar nicht gedacht. Es war – es hat eine Überraschung sein sollen.«
Sein Gesicht war heiß geworden. Die Clementin schaute unter sich.
»Das nächste Mal«, sagte der Bräu im gleichen verhaltenen Tonfall, in dem etwas ungeheuer Bösartiges lauerte, »da lassen S' das bleiben.«
Höhnisches Kichern kam von den Zuhörern. Aber es war noch immer fast totenstill im Saal.
»Auf solche Überraschungen«, fuhr er fort, und ganz unvermittelt schwoll seine Stimme zu einem furchterregenden Brüllen – »da san mir net scharf dahier!«
»Sonst können S' selber a Widmung kriegen«, hängte der Ammetsberger an und zeigte die Faust, »a solchene.«
Niemand lachte, und wieder senkte sich eine peinvolle Stille über den Raum. Der junge Mann

schien zu überlegen, was er sagen oder wie er sich zu dem vollständig unerwarteten Angriff verhalten solle. Es sah mehr aus, als ob er sich für die andern geniere. Er schüttelte leicht den Kopf, hüstelte ein wenig. Die Kellnerin Rosa mit ihrem vorstehenden Leib war noch immer an seinem Tisch und rieb in neugierig-verlegener Nervosität die Menükarte zwischen ihren Fingern. Bevor aber irgend etwas anderes geschehen konnte, ging die Clementin auf einmal quer durch den Saal zu dem Ecktisch hinüber, an dem der Haindl saß.
»Bei der Gelegenheit«, sagte sie laut, »möcht ich Ihnen vielmals danken, daß Sie mir Ihre Suite gewidmet haben. Das war sehr freundlich von Ihnen. Es hat mich sehr gefreut.«
Sie streckte ihm die Hand hin, die er rasch ergriff und einen Augenblick festhielt. Ob er etwas sagte, hörte man nicht. Aus der Kuchl ertönte gleichzeitig eine Klingel und die Stimme des Fräulein Mali, der Wirtschafterin:
»Rosa! Die Schnöpf'n san gar!«
Die Kellnerin fuhr wie aus einer Trance in die Höhe und rannte zur Küchentür. Alle anderen starrten auf den Herrn Bräu.
Der hatte den Mund geöffnet, als wolle er eine Drohung oder einen Fluch ausstoßen. Statt dessen aber kam nur ein leises dünnes Röcheln heraus,

das auch gleich wieder abstarb. Sein Gesicht war grau geworden – sein silberschwarzer Bart und sein starkes Kopfhaar traten plötzlich in ganz greller Dunkelheit hervor. Eine seiner dicken, schweren Hände krampfte sich mit einer langsamen, unnatürlich langsamen Bewegung auf seinen Leib zu. Die andere fiel wie ein Stück Brot vom Tisch herunter und klatschte dumpf auf die Armlehne seines Sessels auf. Dann kam ein langes, halb ersticktes Stöhnen von seinen offenen Lippen, und der Kopf sank ihm mit schmerzverdrehten Augen auf die Schulter.
Jetzt entstand ein jäher Aufruhr am Tisch. Die Bierschaumgeborene schrie nach Wasser. Alles sprang auf. Gläser und Stühle wurden umgestoßen. Die Rosa, die mit den Schnepfen hereinkam, ließ um ein Haar das Tablett fallen. Nur ihre Siebenmonatswölbung hatte es noch gestützt. Sie lehnte schluchzend am Ofen und sah aus, als würde es losgehen. Die Clementin umklammerte immer noch die Hand des Franz Haindl. Dann aber riß sie sich auf, lief zu Matthias Hochleithner hinüber, stieß die anderen beiseite und nahm seinen Kopf in die Arme, hielt sein Gesicht an ihrer Brust. Nach ein paar Atemzügen schien er sich etwas zu erholen. Er preßte beide Hände auf die Tischplatte und hob sich langsam hoch. Mit einer

gewaltigen Anstrengung stellte er sich auf die Beine. »Es is nix«, sagte er heiser, »ich bin gleich wieder z'ruck.«
Auf einen Wink der Clementin waren die beiden riesigen Brauknechte, der Lix und der Burschl, die im Vorhaus überm Bier gesessen hatten, hereingekommen und faßten ihren Herrn mit der Vorsicht und Zartheit gelernter Krankenschwestern rechts und links unter die Achseln. Schritt für Schritt stützten sie ihn bis ins Freie hinaus, wo es schon dunkel wurde, um ihn dann auf gekreuzten Armen und verschränkten Händen zur Villa zu tragen.
Die Clementin folgte in einiger Entfernung. Es gab nichts, was sie tun konnte. Den Dr. Kirnberger hatte sie schon angerufen. Droben würde die taube Nanni alles übernehmen, sie konnte ihn auskleiden und wußte, wo die Tropfen waren. Die Clementin ging in den dämmervollen, abendfeuchten Park und setzte sich auf eine Steinbank. Der Springbrunnen plätscherte sinnlos. Der griechische Gott starrte sie aus blinden Augen an. Es war alles ganz unbegreiflich.

IV

Wie oft in der Karwoche, wurde es föhnig und warm. Der Wolkenhimmel hing niedrig, die Berge rückten bedrohlich nah, als wollten sie auf die Erde fallen. Eine drückende Stille lastete auf dem Ort und auf den Menschen, in der die Knospen hörbar zu platzen schienen. Matthias Hochleithners Anfall mußte schwerer sein als gewöhnlich, es dauerte länger, der Dr. Kirnberger kam zweimal am Tag und verweigerte jede Auskunft. Am Gründonnerstag aber kam ein Auto von Salzburg, dem der Notar Dr. Haidenthaller entstieg, um sich sofort zur römischen Villa zu begeben. Es sprach sich im Dorf herum, daß der Bräu seinen Willen machte.

Der Besuch dauerte lang, und die Clementin verbrachte die ganze Zeit ruhelos im Musikzimmer, in dem seit dem Ereignis vom Palmsonntag kein Ton mehr erklungen war. Sie hatte auch ihren Onkel seitdem nicht zu Gesicht bekommen, obwohl sie in den Osterferien sowieso nicht nach Salzburg fuhr und das Haus kaum für eine Viertelstunde verließ. Das entsprach an sich der Gepflogenheit: er ließ sich ja niemals sehen, wenn er krank war, und sie hatte bisher die sporadischen Anfälle nicht weiter tragisch genommen, man dachte halt, daß es vom Magen kam. Diesmal dachte sie das nicht. Sie konnte seine angstverstörten Augen nicht vergessen, das Gefühl seiner kalten Stirn an ihrer Brust und den leichenhaften Anblick der herabhängenden Hand. Es mußte, was man sich beim Leibesbräu niemals vorgestellt hatte, vom Herzen kommen. Vom Herzen — vielleicht auch von der Seele. Sie fühlte sich schuldig — obwohl sie nichts getan hatte, was sie hätte bereuen oder widerrufen können. Aber ihretwegen war ihm das geschehen. Man kann auch schuldig werden, ohne es zu sein. Und sie sah keinen Ausweg. Sie wußte nicht, was sie tun sollte, wenn er gesund würde und aufstünde. Sie konnte es nicht wiedergutmachen, was geschehen war. Nur schlimmer. Oder sie mußte ihr eigenes Herz verraten. Sie sprach kaum einen Menschen in diesen Tagen. Dem Ammetsberger ging sie aus dem Weg.

Und auch den Seelenbräu mußte sie vermeiden, denn sie wußte um sein schwelendes Zerwürfnis mit dem Junglehrer, das dessen weitere Existenz in Köstendorf unmöglich machen würde — falls ihr gemeinsamer heimlicher Plan nicht glückte. Das aber war nun durch die sonntägige Katastrophe alles in Frage gestellt — und es stand ihr wohl mit dem Dechanten eine ebenso schwere, vielleicht noch härtere Krise bevor. Ihre ganze Welt schien aus den Fugen zu gehn.

Gegen Abend beobachtete sie, daß zwei Leute ins Krankenzimmer gerufen wurden, der Tischler Beyerl, der die windbeschädigte Pergola reparierte, und der Gärtner Willy. Sie putzten sich umständlich die erdverklebten Schuhe ab und wuschen in der Küche ihre Hände. Vermutlich sollten sie eine Unterschrift beglaubigen. Die Karwochenstille über dem Ort war noch schwerer geworden, weil nun auch das Vesperläuten ausfiel. Die Glocken waren bis zum Samstagnachmittag verstummt, man sagte den Kindern, sie seien nach Rom geflogen, und sie erinnerte sich, am Fenster stehend, wie sie früher oft hier gelauert hatte, Stirn und Nase an die Scheiben gedrückt, und in den Himmel gestarrt, ob sie vielleicht eine Glocke beim Heimflug zwischen den Wolken entdecken könne. Dann hörte sie den Notar das Haus verlassen, das Auto abfahren, die beiden Zeugen leise in der Küche murmeln, wo man ihnen wohl ein Bier verabreichte. Plötzlich aber war die taube Nanni im Zimmer und gab ihr mit ihren heiseren Lauten und aufgeregten Handbewegungen zu verstehen, daß der kranke Herr Bräu sie zu sehen wünsche.

Ihr Herz klopfte heftig, als sie auf der Schwelle seines Schlafzimmers stand, das sie nie vorher betreten hatte. Es gehörte zu seinen Sonderlichkeiten, daß er außer der ständigen Bedienung keinem Menschen den Zutritt zu diesem Raum erlaubte, auch wenn er gesund war. Er hielt ihn sogar gewöhnlich unter Verschluß und trug den Schlüssel in der Tasche. Die Leute glaubten, daß er nach Art seiner Vorfahren sein Geld darin verborgen halte, vielleicht in einer alten Schatztruhe oder unter den Dielen. Als Kind hatte sie manchmal durch die ebenerdigen Fenster hereinzuluchsen versucht, aber nichts Rechtes gesehen, denn der Raum lag stets im Dämmer schwerer Gardinen. Auch jetzt war er nur schwach erleuchtet, und zwar von dicken gelben Wachslichtern, die in zwei altmodischen Hängelampen, rechts und links vom Bett, angezündet waren. Sie waren mit dünnen Silberketten an der Decke befestigt und schwankten leise von der Erwärmung, so daß alle Schatten im Zimmer in einer ständigen Bewegung zitterten. Das riesige Renaissancebett stand mitten im Raum, es war ziemlich hoch und von einer bankbreiten, ebenholzschwarzen Stufe umlaufen. An seinem Fußende ragten zwei gedrechselte Säulchen. Die Kopfseite wurde von einem Himmel überdacht, der aus einem alten Gobelin gebildet war. Er zeigte in matten Farben den Gott Morpheus als einen schönen nackten Jüngling – oder war es der Tod? –, der mit ausgebreiteten Armen bleiche Rosenblätter streute. Rechts und links fielen geraffte Portieren aus dunkelrotem Samt. Außer diesem Bett, das thronartig den Raum beherrschte, waren nicht viele Möbel vorhanden. Ein wuchtiger, schwarzer Holzkasten, eine silberbeschlagene Wäschetruhe, eine deckenhohe Standuhr mit gemaltem Zifferblatt, die leise und knisternd tickte. Der Boden war mit einem dicken Teppich bespannt, die Wände damastbezogen, schwere Seidendecken lagen locker auf dem Bett, auch die Fenstervorhänge schienen aus alter Seide oder Brokat. Eine Wandtür stand halboffen, von der ein paar Stufen aus rotgeädertem Untersberger Marmor in ein eingelassenes Bad hinabführten. Ein Ofen aus glasierten Hohlkacheln war so in die Ecke gebaut, daß er vom Flur draußen geheizt werden konnte. An das Bett war ein kleiner Schreibsekretär und ein Stuhl herangeschoben, auf der ausgezogenen Tischplatte standen eine Glaskaraffe und ein halbgeleertes Portweinglas, offenbar von dem Notar zurückgelassen, daneben lag ein mehrblättriges Dokument unter einem Briefbeschwerer aus Bergkristall. Ein sonderbarer Duft durchwehte den Raum, und sie bemerkte, daß auf einem Sims ein kleines orientalisches Räucherkerzchen brannte. Eine unbegreifliche, feierliche, fast schmerzliche Einsamkeit erfüllte dieses fremdartige Schlafgemach.

Matthias Hochleithner saß aufrecht im Bett. Eine große Menge von Kissen war hinter seinen Rükken getürmt, aber er schien sie nicht nötig zu haben. Er saß vorgebeugt, die Hand unterm Kinn, den Ellbogen auf ein hochgestelltes Knie gestützt, über das die Daunendecke hing. Seine mächtige Gestalt, mit einem weitärmeligen dunklen Schlafrock bekleidet, wirkte fast schmal und zart in den enormen Dimensionen der Bettstatt. Sein Gesicht schien auch wirklich etwas schmaler geworden, es hatte einen bräunlichen Elfenbeinton, der vielleicht von der Kerzenbeleuchtung kam, aber er sah nicht schlecht oder geschwächt aus. Die Haut war straff, die Augen sprühten in ihrem schwarzen Feuer — nur wenn man genau hinsah, wohnte in ihrer Tiefe noch die Erinnerung an eine abgründige und unverscheuchbare Angst. Er wartete, bis die Clementin ganz nah ans Bett gekommen war, und ließ auch dann noch eine halbe Minute verstreichen, ohne sie anzusprechen. Auch ihr kam kein Wort auf die Lippen. Plötzlich kniff er ein Auge zusammen und machte mit der Schulter eine listig-boshafte Bewegung zu dem Dokument auf dem Schreibtisch hin.

»Möchst wissen, was da drin steht?« fragte er verschlagen.

»Nein«, sagte die Clementin tapfer, »das geht mich nix an. – Ich möcht nur wissen«, fügte sie hinzu, und jetzt bebte ihre Stimme ein wenig, »ob's dir wieder gut geht.«

Wieder ließ er eine Zeit verstreichen.

»Doch geht's dich an«, sagte er langsam, »da is deine Zukunft drin.«

»Meine Zukunft —«, wiederholte die Clementin, mit einem Ton, der etwas ganz Wesenloses, unvorstellbar Fernes, Verschwommenes, Nebliges, vielleicht gar nicht Wirkliches in das Wort legte.

Matthias Hochleithner nickte, als verstünde er diesen Ton.

»Mit deiner Mutter«, sagte er in einer großen Gedankenraffung, »hat's grad so angefangen. Dann is fort gangen. Und nimmer heimkommen. Seitdem hab ich nie ein Weiberleut mögen. Richtig mögen. Außer dir.«

Er schaute vor sich hin, und der Clementin saß es heiß hinter den Augen. Wieder nickte er, als sehe er alles vor sich und verstehe es.

»Jetzt willst auch fort«, sagte er dann, ganz ohne Vorwurf, Trauer oder Frage in seiner Stimme, nur, wie man etwas feststellt.

Die Clementin brachte kein Wort heraus — auch wenn sie eins gewußt hätte. Es ging ihr plötzlich quälend durch den Sinn, warum sie nicht dran gedacht hatte, ein paar Blumen mit hereinzubringen. Sie hatte einen Busch frischer Primeln in ihrem Zimmer. Sie bemerkte auch mit ebenso zwangvoller Qual, daß hinten im Nacken ihrer Bluse ein Knopf offen war, und mußte sich Gewalt antun, nicht hinzugreifen und daran zu nesteln.

Jetzt wandte er ihr wieder das Gesicht zu, sein Mund lächelte ein wenig, und er zwinkerte leicht mit den Augen.

»Setz dich her«, sagte er dann und wies mit der Hand auf die breite Bettstufe. Während sie sich so niederließ, daß sie ihm nun gleichsam zu Füßen saß, aber nah genug, daß er sie mit der ausgestreckten Hand hätte erreichen können, beugte er sich etwas weiter vor, daß er die Zeit auf der Wanduhr lesen konnte.

»Bist hungrig?« fragte er dann.

»Ich kann's aushalten«, sagte sie lächelnd und wunderte sich, als sie die eigene Stimme hörte.

»In einer halben Stund«, sagte er, »kommt die Nanni mit der Suppen. Sauerampfer und Kerbl, weil Gründonnerstag ist. Auch ein Chaudeau hat er erlaubt. Wenns d' magst, kannst mitessen.«

Sie nickte dankbar, und er strich ihr ganz leicht, mehr wie ein Hauch, mit der Handfläche übers Haar.

Dann legte er sich in die Kissen zurück.

»Laß dir Zeit«, sagte er leise – und atmete ruhig und tief.

Sie wußte, daß das hieß, sie könne ihm nun alles sagen, was sie wolle, oder auch schweigen, sich sammeln und klären, bis sie das rechte Wort und die rechte Meinung fand. Von seinen stillen, fast schläfrigen Atemzügen, die das gute Gleichmaß der Genesung hatten, ging auch auf sie ein Strom von Ruhe über, von der unendlichen Weite und Freiheit all der Zeit, die man sich lassen dürfe, da sie ja selber kühl und ohne Hast verstreicht und unendlich lange währt. Einer Minute gehörten sechzig pochende Gedanken – eine halbe Stunde war eine halbe Ewigkeit.

Sie dachte nach, was sie denn aussagen und erzählen könne, von dem, was geschehen und was nicht geschehen war. In einem Herzschlag baute sich alles zusammen, so wenig war es in Wirklichkeit, und hätte doch Stunden oder Tage brauchen können, um's zu ergründen und auszuschöpfen, denn alles und jedes, die ganze Welt, das volle Leben gehörte dazu. Da war der neu eingestellte Sechs-Uhr-Autobus und die schlechte, von der Schneeschmelze und den Chaussee-Arbeitern aufgerissene Straße übern Rennerberg. Da waren all die Engendorfer, Henndorfer, Köstendorfer Bauern und Bäuerinnen, die am Freitagabend nach Hause fuhren und den Wagen mit ihrem Lärm und Dunst, ihren Körben, Paketen, Regenschirmen und Witzworten erfüllten. Da war die Station Postwirt in der Gnigl, wo sie aufgestanden war, um einer alten Frau Platz zu machen, und wo sie plötzlich gemerkt hatte, daß neben ihr, fast an sie gepreßt, der Junglehrer stand. Er hatte sie auch noch nicht bemerkt, denn er hielt sich mit einer Hand in einer Lederschlinge und versuchte mit der anderen, ein offenes Buch so nah vor seine Augen zu bringen, daß er mitten im Geschüttel und trotz des schwachen Lichtes darin lesen konnte. Es war eine dicke, kleingedruckte Partitur. Vielleicht erkannte er sie auch gar nicht, denn er hatte sie nur an dem einen Abend, im Kostüm und im Wirbel der Maskerade gesehen. Aber dann begriff sie, daß er sie wohl erkannte, denn das Buch fiel ihm fast aus der Hand. Sie lachten sich an und sagten etwas, wie daß es voll sei und daß man Verspätung habe, und schwiegen und lachten wieder. Ein junger Chauffeur war am

Steuer, der Autobus fuhr wie toll, man konnte kaum stehen.

»Bach«, sagte sie dann mit einem Blick auf sein Buch.

»Die Motetten und die Geistlichen Kantaten«, nickte er.

»Wollen Sie das den Köstendorfer Schulkindern beibringen?« fragte sie im Scherz.

»Vielleicht«, sagte er lächelnd, »aber verraten Sie mich nicht.«

»Wenn Sie ein Klavier brauchen«, sagte sie nach einigem Zögern, »unseres ist nicht berühmt. Ein alter Kasten — aber neu gestimmt.«

»Klavier?« sagte er, es klang erstaunt. »Das brauch ich nicht. Ich bin kein Pianist.«

»Ich dachte, Sie komponieren?« sagte sie kühn und wurde rot.

»Aber dazu braucht man doch kein Klavier«, sagte er unbefangen und ohne sich zu wundern, woher sie davon wußte.

»Auch keine Geige? Gar nichts?«

»Notenpapier«, sagte er lustig, »und Zeit. Sonst nichts. Noch nicht einmal Ruhe. Auch keine Stimmung. Keine Schwäne im Mondschein. Keine Samtjacke und kein Barett.« Er lachte lausbübisch.

Sie aber wurde fast ärgerlich über seine Antwort.

Sie hatte sich das Komponieren ganz anders vorgestellt. Man kam sich geradezu dumm vor.

»Müssen Sie denn nicht – hören, was Ihnen einfällt?« fragte sie.

»Wenn ich dazu ein Klavier brauchte«, sagte er, »dann könnt ich's gleich aufgeben.«

Sie fand, daß es arrogant klang.

»Sie brauchen also auch nicht in ein Konzert zu gehen«, sagte sie beinah bissig, »um die Meisterwerke kennenzulernen.«

»Nicht unbedingt«, sagte er ernsthaft, »wenn ich eine Partitur hab, die ich lesen kann. Davon lern ich mehr, als wenn's mir einer vormacht. Interpretiert, wie man sagt.«

Sie schüttelte den Kopf, und er schien nach Worten zu suchen, um sich zu erklären.

»Ein Musiker«, sagte er schließlich, »ist ein Mensch, der mit den Augen hört. Und mit dem Hirnkastl, natürlich.«

»Jetzt erzählen S' mir noch«, sagte sie, nun ausgesprochen spöttisch, »daß der Beethoven taub war.«

»Nein«, sagte er ganz erschrocken, »sowas hätt ich nicht getan.«

Er schaute sie hilflos an und schämte sich. In diesem Augenblick fuhr der Autobus in den Graben. Es war in der Kurve unterhalb vom ›Gasttag‹.

Er fiel nicht um, er schlitterte und schlurfte nur in den vereisten Schlamm hinein, neigte sich ganz langsam auf die Seite und lehnte sich wie aus Zerstreutheit an die Straßenböschung. Und dort verblieb er, in einer nachdenklichen Haltung.
Den Passagieren war vor Schreck der Atem stehengeblieben, es war ganz still im Wagen, und niemand schrie, während alles aufeinanderrutschte. Der Chauffeur hatte es wohl so kommen sehen, er blieb fatalistisch an seinem Steuer sitzen und drehte sich nicht einmal um.
»Jemand verletzt?« fragte er durch die Zähne, indem er sich eine Zigarette anzündete.
Jetzt fing das Kreischen, Schimpfen, Lachen und Johlen an. Die Tür war verklemmt, man mußte die Fenster aufstemmen, um sich gegenseitig herausheben zu können. Die vielen Gepäckstücke waren überall im Weg und wurden zu Kampfobjekten. Dicke Frauen prusteten und schlugen um sich, Männer fluchten, ein paar Kinder greinten, der Chauffeur rauchte. Die Clementin wurde gewahr, daß der Junglehrer sie die ganze Zeit wie schützend in den Armen hielt. Die scharfen Kanten seines Notenbuchs preßten sich ihr schmerzhaft in die Rippen. Sonst war sie unverletzt. Sie lachten Tränen, als sie schließlich auf der Straße standen.

»Gut is gangen«, sagte der Chauffeur. »Hätt's uns nach der drüberen Seite verrissen, wär'n mir in Bach gefallen.«
Dann packte er sein Nachtmahl aus und teilte kauend den in der Dunkelheit herumschimpfenden Reisenden mit, daß die Fahrt unterbrochen sei. Man müsse zum Gasthof Mayrwies zurückhatschen und dort warten, bis übers Telefon eine Hilfe oder ein Ersatzwagen beigebracht werden könne.
Während sich nun der ganze Troß unter vielem Geschrei und Gezeter allmählich in Bewegung setzte, um wieder hinzugehn, wo man hergekommen war, schlugen die Clementin und der Franz Haindl, wie auf Verabredung, die andere Richtung ein. Sie fanden, daß es besser wäre, vorwärts statt rückwärts zu laufen. Daß es eine herrliche Nacht sei, nicht zu kalt und grad kühl genug, um gerne auszuschreiten. Daß man an der nächsten Station genau so gut warten könne, bis ein Ersatzwagen nachkäme. Daß es ein Glück sei, in der frischen Luft zu atmen. Daß man im Gehen auf der stillen Landstraße besser sprechen könne als in einem überfüllten Postwagen und überhaupt als in irgendeinem Raum. Jedes Wort wußte sie noch und jeden Schritt, das Knirschen des Schottersands unter ihren Schuhen, das Auf-

tauchen der schmalsilbernen Mondsichel zwischen den Wolken, das ferne Heulen eines Hofhunds, den Geschmack von Holzrauch und das leise Schnurren der Zentrifuge, wenn man an einem Bauernhaus vorbeikam – all die Fragen, die Antworten, die Pausen – das stete, kreisende Wachstum ihres unendlichen Gesprächs.
Was wollte sie jetzt von alledem dem alten Mann erzählen? Wo fing es an – wie ging es weiter? Was konnte man festhalten – was auslassen? Alles war eins – und es lief noch immer randvoll, wie ein Bächlein, von dem man nicht ahnte, wo es entsprungen ist und wo es hinwill. Konnte sie ihm erklären, wie es kam, daß sie nach zweieinhalb Stunden Wegs grade erst angefangen hatten, auf das Wichtigste zu kommen? Wie aber sollte sie ihm sagen, was denn das Wichtigste war? Würde er es verstehen? Und ohne das – ohne zu wissen, wie wichtig es war, konnte man auch nicht verstehen – weshalb sie am nächsten Freitag den früheren Bus nehmen mußten – denn man hatte ja keine Gewähr, daß wieder einer in den Graben fuhr – und auf der halben Strecke aussteigen, um wieder den langen Weg wandern zu können. Wie lang – und wie kurz – sind sieben Freitage – sieben Wochen – sieben durchwanderte Stunden? Waren sie nicht auch jetzt

grade dort stehengeblieben — und hart unterbrochen worden—wo das Wichtige begann? Und war nicht alles Entscheidungsvolle noch ungesagt — ungeschehen? War das nicht alles so drängend voll von Ereignis — und unbemessener, ereignisloser Leidenschaft —, daß es in keine Worte ging — und jeden Gedanken sprengte? Ach, sie wußte auch jetzt nicht, wieviel von der halben Stunde vertickt und verknistert war, in der sie ihr Herz hätte ausschütten und leicht machen können — nach all den beklommenen Tagen, in denen sie dachte, daß es keine Versöhnung gab —, daß sie die Tür der Kindheit wortlos und ohne Lossprechung hinter sich zuschlagen müsse, um ihren eigenen Lebensweg zu beginnen. Wie aber sollte denn sie nun Welten versöhnen — die einander so fremd waren wie steigende und sinkende Sternzeiten? Stand denn ein junges Leben, nur weil es jung war, immer zwischen zwei Welten, und warum durfte es nicht ein bindendes Glied zwischen ihnen sein, statt einer trennenden Schneide? Ach, wie konnte sie es denn dem ruhvoll Atmenden ins Gesicht sagen und es in die prunkende Stille dieses Raums hineinwerfen, daß sie ihre Zukunft ungesichert wünsche? Daß sie nach einer Welt verlange, in der die Sicherheit nicht galt — und wo der Sohn des Eisenbahners um die Kunst,

die Freiheit, das wahre Leben ringt? Daß sie sich nach einem Sturmwind sehne, der machtvoll und unerbittlich in die Zeiten fährt, auch wenn er diese ihre holde, geliebte kindliche Seelenheimat zerwehen und zerschlagen müsse?
Sie hatte die Flächen ihrer Hände zusammengelegt, als könne sie aus ihnen das rechte Wort herauspressen, und die Stirn fast auf den Schoß gebeugt, doch plötzlich fühlte sie, daß Matthias Hochleithner ihr das Gesicht zugewandt hatte und sie aus seinen großen Augen, in denen stets ein Spott und stets eine Trauer hauste, prüfend ansah. Da quoll es heiß in ihr auf, sie griff nach seiner Hand und sagte den einzigen Satz: »Ich hab ihn gern.«
Dann barg sie das Gesicht an seiner Schulter und die Tränen stürzten. Durch die Tür aber schob die taube Nanni den Rolltisch herein, von dem die Gründonnerstagssuppe und die gerösteten Brotkrüstchen dufteten, und der Herr Bräu machte ihr über die zuckenden Schultern der Clementin hinweg mit seltsamen Zeichen und lautlosen Mundbewegungen verständlich, daß sie ein zweites Gedeck und eine Flasche Wein bringen solle.

Am Ostersamstag, zur Zeit der Vieruhrjause, läuteten die Glocken wieder. Es klang, als hätten sie einen neuen, frischen, gereinigten Ton. Gleichzeitig ließ man im Brauhaus den Dampf ausfahren und Feierabend pfeifen. Das machte einen kleinen Höllenlaut in das ernste Gebrumm und eifrige Gebimmel. Zusammen aber klang es nach Festfreude und himmlisch-irdischem Vergnügen. Die Brauknechte gingen sich abschrubben und das Hemd wechseln. Auch die Bauern stellten, außer dem Melken und Viehfüttern, die Arbeit ein. Alles bereitete sich auf das Begehen des Feiertags vor wie auf eine andere, verwandelte oder umgekehrte Art von Arbeit. Den kleinen Mädchen wusch man die Haare mit Zuckerwasser, schmälzte sie und wickelte sie mühsam in Papier ein, damit es am Sonntag schöne, steife Löckchen wären. Scharfe Rasiermesser kratzten über harte, stoppelige Wangen. Die schweren Erbgewänder und Staatsschürzen wurden aus den Kästen der Hofbäuerinnen genommen und die breiten schwarzseidenen Kopfschleifen glattgebügelt. In der Kirche wurde eine Vesper gelesen und dann die Beichte gehört. Als der Dechant sich endlich aus dem Beichtstuhl zwängte und in die frische Luft hinaustrat, dämmerte es bereits. Er fühlte sich müde und abgespannt. Manche der älteren Leute, die zum Bekenntnis kamen, waren nicht leicht zu verstehen und wollten gar nicht aufhören, sich ihrer kleinen Fehlsamkeiten zu entledigen. Und die Person, auf die er heimlich gewartet hatte, war nicht gekommen. Sein Herz war schwer und von mancherlei quälenden Erschütterungen heimgesucht, zu deren Klärung und Bewältigung ihm die anstrengenden Ritualien der letzten Tage keine Zeit gelassen hatten. So beschloß er, sich vor dem Nachtmahl einen erholenden Spaziergang zu gönnen, und suchte nur kurz das Pfarrhaus auf, um sein großes Klappmesser einzustecken. Denn dies war eine Jahreszeit, wo es draußen viel zu finden und einzuholen gab, was nur der freie Wildwuchs des Frühlings und auch der gepflegteste Gemüsegarten nicht hervorbringen konnte. Der wilde Hopfen, der sich den Waldrändern entlang an alten Bäumen hochrankte und sie im Herbst mit seinem rötlichsilbernen Seidenflachs behängte, trieb jetzt tief unten nahe der Wurzeln, knapp überm Humus hochstehend, frische gelbgrüne Schößlinge, Hopfenspargel genannt, die einen wunderbaren Salat machten. Aus dem feuchtwarmen, verrotteten Belag des herbstgefallenen Altlaubs stießen die Morcheln ihre spitzen schwärzlichen Gnomenköpfe heraus und konnten, mit den Fingern freigegraben, mit der Klinge ausgehoben werden. Brunnenkresse schwamm in dem klaren Gewässer der Waldbäche, hob straffe, blanke Stengel aus den Teichen empor. Selbst die wüste Brennnessel hatte um diese Jahreszeit einen Nachwuchs zartgrüner Jungpflanzen, die, richtig zubereitet, besser schmeckten als der feinste Frühspinat. Langsam, ohne Weg zwischen den kahlen, kaum erst knospenden Bäumen, schritt der Dechant die leichte Steigung des Bergwalds hinauf, die Augen auf den Boden geheftet, das Messer und den Henkelkorb in der Hand, die lange Soutane wie einen Frauenrock anhebend – und er vergaß über der Spannung des Suchens, Findens und Sammelns, über dem Spähen, Sichbücken, Prüfen und Unterscheiden fast seine drückenden Sorgen. Ohne der Zeit zu achten, war er nun schon bis zum Fuß der Burgruine gekommen, von der auf dem steilen Bichel nur noch ein paar brombeer- und wilddornumrankte Mäuerchen standen, während die Hügelsohle von den alten Kasematten und Verliesen tief unterkellert war. Der Herr Bräu, zu dessen Grundbesitz das brüchige Gemäuer gehörte, hatte in seinen jüngeren Jahren einen Teil dieser unterirdischen Gewölbe ausgraben und stützen lassen, um eine Champignonzucht darin anzulegen. Später aber hatte sich das Unternehmen als zu kompliziert und zu wenig einträglich erwiesen. Es zahlte sich nicht aus, all den dazu nötigen Pferdemist in einzelnen Fuhren zu dem verlassenen Ort hinzuschaffen, und man hatte die Beete unters Brauhaus verlegt. So standen die alten Fels- und Mauerhöhlen, obwohl nun mit Türen, Luftschächten und Tragbalken versehen, wieder leer und ungenutzt, dienten höchstens allerlei wilden Tieren zum Unterschlupf. Als der Dechant eben in das dichte Gestrüpp eindrang, das zwischen den mächtigen Buchen und Eichen am Fuß des Berghügels aufgewuchert war und mit seinem saftigen Geranke eine besonders reiche Ernte an Hopfenspargeln versprach, hörte er plötzlich einen Ton, der ihn für einen Augenblick zweifeln machte, ob er wache oder träume. Es war die ihm so vertraute Stimme der Clementin, mit der sich seine lauten und unterdrückten Gedanken in diesen Tagen ununterbrochen beschäftigten und die er überall anders als grade hier zu vernehmen erwartet hätte. Sie wiederholte mehrere Male die Anfangstakte jenes Quartetts aus dem ersten Akt des ›Fidelio‹, dessen hochdramatischen Part sie vor kurzem, noch unter seiner mühsamen Assistenz, studiert hatte:

»Mir wird – so wun – derbar –!«

Die letzte Silbe hielt sie, wie zum Signal, lange aus. Gleich darauf aber, in etwas weiterer Entfernung, rasch näherkommend und für das Ohr

des Dechanten wie ein teuflisches, triumphales Hahnengekrähe anzuhören, kam die Antwort:
»Sie liebt — mich — das — ist klar —!«
Es war, unzweifelhaft, die Stimme des Junglehrers Franz Haindl.
Der Dechant stand wie angewachsen und machte hinter einem der dicken Bäume seine Gestalt so schmal wie einen Schatten. Aber die beiden jungen Leute, die er jetzt zusammen den Weg heraufkommen sah, hätten ihn ohnedies zwischen den dämmrigen Stämmen nicht bemerkt. Sie schauten nicht rechts noch links, sondern nur einander ins Gesicht und hatten sich offenbar so viel zu sagen, daß sie beide gleichzeitig redeten. Ihre Worte konnte er nicht unterscheiden, aber in ihren Stimmen spürte er den erregten Klang von heißem, brennendem Einverständnis, und sein Herz krampfte sich zusammen. Jetzt aber kam das Entsetzliche. Der junge Mann bog plötzlich vom Weg ab und zwängte sich durch die Büsche in den schluchtartig zugewachsenen alten Wallgraben hinein. Er hatte die Clementin bei der Hand gefaßt und half ihr über das Stein- und Wurzelgewirre zu einem jener halbverschütteten Eingänge, die in die unterirdischen Burggewölbe führten. Er hörte das Knirschen und Quietschen der vermorschten Kellertür. Er hörte ein ver-

hallendes Lachen der Clementin. Dann waren sie beide im Schoß des Berges verschwunden.
Der Dechant atmete schwer, das Blut schlug ihm im Hals und in den Schläfen, alles schwankte und kreiste vor seinem Blick. Auch seine Gedanken hatten sich verwirrt und taumelten wie geblendete Vögel hin und her. Was er in dieser Woche durchgemacht und erfahren hatte, stürzte jetzt gleich einer einzigen Woge auf ihn ein, warf ihn nieder und überschwemmte ihn. Erst war es die Nachricht vom sonntägigen Skandal im Wirtshaus gewesen, die ihn sofort erreicht und ihm die Binde von den Augen gerissen hatte. Dann kamen die Spitzelberichte des Rudi, Oberlehrer Weidlings Sohn, der, ein Lehrling unter Lehrlingen, grau in grau, ohne sich durch den bösen Blick oder feindliche Haltung auffällig zu machen, denselben Freitagsautobus benützte. Zugleich damit jene unheimlichen Einflüsterungen des Zipfers über die Vergiftung der Schulklassen mit heidnischer, ja protestantischer Musik. Das Absagen der Stunde durch die Clementin, mit ihres Onkels Krankheit begründet. Die Gerüchte über das nahende Ende des Herrn Bräu, durch den Besuch des Notars veranlaßt. All das und sein innerer Kampf zwischen Stolz, Pflicht und Verletztheit — das unsichere Harren und Warten, ob sie nicht

doch von selber käme, um zu gestehen, zu bekennen, zu bereuen, sich Hilfe und Rat zu holen – denn sie konnte ja doch nicht ganz in Satans Klauen gefallen sein. Der qualvolle Zweifel, ob er sich einer hohnvollen Ablehnung von seiten Matthias Hochleithners aussetzen solle, denn der Leibesbräu würde geistliche Einmischung verschmähen und verachten – oder ob es seine Hirtenpflicht verlange und seine innere Verbundenheit, an dem verirrten Kind, das bald wieder ganz allein in der Welt stehen könnte, Vaterstelle zu vertreten. Niemals hatte er sich ihre Verirrung und ihr Vergehen als eine vollendete Tatsache – vielleicht als eine Versuchung, eine Wunsch- und Gedankensünde, aber nicht leibhaftig, nicht im Fleische, nicht in der nackten, rohen Wirklichkeit – vorgestellt. Was er aber jetzt mit eigenen Augen gesehen hatte, konnte nur einen Sieg der Hölle bedeuten, das Werk eines schändlichen Verführers, dem sie sich lachend und ohne Widerstand ergab. Denn der Dechant hatte zu lange gelebt, und auf dem Lande gelebt, als daß ihm unterkam zu glauben, zwei junge Leute verschiedenen Geschlechts würden allein in eine dunkle Höhle gehen, um Schwammerln zu suchen. Und plötzlich bemerkte er, zu seiner tiefsten, grausamsten Bestürzung, daß seine Zähne knirschten und daß seine Faust das offene Klappmesser wie eine Mordwaffe umklammert hielt. Es war ein weltlicher, blutiger Zorn, der ihn übermannt hatte. Es war Haß. Es war Rachgier. Es war Eifersucht. Mit einem Stöhnen ließ er das Messer fallen, brach wie gefällt in die Knie, machte mit zitternden Fingern das große Kreuzzeichen über Stirn, Brust und Schultern und schlug die Hände vors Gesicht. Jetzt gab es keine Fragen, kein Denken, kein Grübeln. Jetzt gab es nur das Gebet, das ihm das innere Licht, das ihm die klare Kraft der Entscheidung bringen könne, was er tun und wie er handeln müsse. Denn daß er jetzt nicht mehr wegschauen, umkehren und vergessen könne — daß er zum Eingreifen und Kämpfen verpflichtet sei—darüber war kein Zweifel. Während er aber mit all seiner Glaubensstärke, im leisen Murmeln des Vaterunser und des Ave-Maria, versuchte, sich die Allmacht des Weltschöpfers, die Erwählung und das Leiden der Gottmutter, das irdische Selbstopfer des Menschensohnes ganz gegenwärtig in seine Seele und vor seinen Geist zu rufen, um ihn daran zu klären und auszuwägen, hörte er wieder ein unverhofftes und sonderbares Getön und Geräusch in der Dämmerstille. Diesmal war es ein Gepfeif und Getrappel, das ihn erst an eine Schar von kleinen

Tieren, Wühlmäusen, Marmotten, hüpfenden Gassenvögeln gemahnte – und als er die Hände vom Gesicht nahm, sah er verschwommenen Auges auf demselben Weg, den vorher die beiden gegangen waren, in vielen Gruppen und Grüppchen, schlendernd, springend, laufend, eine Reihe wohlbekannter Gestalten der Burgruine zueilen. Es waren, kaum glaublich aber wahr, die Kinder seines Kirchenchors, größere und kleinere, Buben und Mädchen, er hätte sie abzählen und sie bei Namen nennen können, einzeln, zu zweit, zu mehreren schoben und stießen sie sich lustig zwischen die Büsche des Wallgrabens und verschwanden durch die gleiche knirschende, quietschende Kellertür ins Gewölbe hinab. Der Dechant kniete mit offenem Mund und wußte nicht, wie ihm geschah. Schließlich erhob er sich schwerfällig, nicht ohne ein kurzes Dankgebet hinaufzusenden und sein Klappmesser vom Boden aufzuheben und sorgfältig abzuwischen. Jetzt waren die letzten kleinen Gestalten, als seien sie vom Spiel eines Rattenfängers gelockt, in den Berg getreten und von der Höhle verschluckt – und während er noch stand und all dem kaum Faßlichen nachsann, drang aus der Kellertiefe ein fernes, erdgedämpftes, vielstimmiges Gesinge zu ihm her, dessen Melodie und Einzeltöne man nicht unterscheiden konnte. Langsam wandte er sich und begann durch die immer tiefer sinkende Dämmerung zwischen den Büschen und Bäumen den Rückweg zu suchen. Zu vieles war ihm unklar, um im Augenblick etwas anders zu tun. Ohne es zu bemerken, hatte er im Gehen ein glattes, knospengeschwelltes Buchenzweiglein gebrochen und begann, es in Gedanken zu zerkauen. Der bittere Saft gab ihm ein kühles, kräftiges Gefühl. Ruhe und Überlegung kamen zurück. Noch wußte er nicht recht, ob er wirklich erleichtert sein dürfe, weil das Schlimmste nicht Wahrheit gewesen sei, ob er beschämt sein müsse über seinen Verdacht und seinen Herzensaufruhr, oder ob es gar noch ärger wäre, wenn eine ganze Schar unschuldiger Kinder statt einer einzelnen Seele dem Verführer ins Garn ging. Eins aber schien gewiß, daß es nicht zu spät war. Daß man noch eingreifen könne. Daß er den Weg des Bösen zur rechten Zeit gekreuzt habe. Nie, niemals sollte sie ihm gehören! Und ohne viel nachzudenken, warum und weshalb, ohne einen klaren Plan, aber mit der vollen Sicherheit, daß dort die Wurzel sei, an die man die Axt legen müsse, schlug er die Richtung zum Brauhaus ein.

Wenn er geglaubt hatte, er müsse zur Villa hinaufgehen und sich den Zutritt in ein Krankenzimmer verschaffen, so war er im Irrtum. Schon von weitem sah er den Herrn Bräu an einem kleinen Gartentisch mit einem Windlicht darauf vor seinem Wirtshaus sitzen. Die Abendluft war mild genug, um noch eine Stunde im Freien zu bleiben. Da saß Matthias Hochleithner ganz allein und schien in strotzender Gesundheit. Er hatte eine englische Sportmütze tief in der Stirn sitzen, einen weiten, leicht karierten Flauschmantel um die Schultern und eine schottische Gargarinedecke über den Knien. Vor ihm standen eine gewaltige Platte voll resch gebackener Froschschenkel und eine Schüssel mit Kressensalat. Auch das war ein traditionelles Karwochenessen in Alt-Köstendorf.

»Nehmen S' Platz, Hochwürden«, rief er gutgelaunt, als er den Dechanten unschlüssig näher kommen sah, und winkte der Kellnerin.

»Rosa, noch eine Portion, und ein Liter vom Alten. Die Froschhaxln san heuer dölikat. Fast wie Backhendl.«

Der Seelenbräu bemerkte auf einmal, daß er einen derben Hunger hatte. Seine gewöhnliche Nachtmahlzeit war wohl schon längst vorüber, und er hoffte nur, daß der Pater Schießl, der als Gast bei ihm wohnte, allein angefangen hatte. Eh er sich's versah, zerkrachte ein Paar Froschhaxln nach dem andern zwischen seinen kräftigen Zähnen, wenn er auch immer wieder erklärte, daß er nur kosten wolle und nicht zum Essen gekommen sei. Inzwischen schenkte der Herr Bräu ihm schon das zweite Glas von dem alten, traubigen Dürnsteiner voll. Das Vorhaus und die Wirtsstube drinnen waren von vielen Gästen besucht, für die das Feiern am Samstagabend begann. Matthias Hochleithner lauschte mit lächelndem Genuß dem verworrenen, leicht angedudelten Gesinge, das schon von einigen Tischen her klang.

»Ostern«, sagte er, »is ein schönes Fest. Mein Großvater hat immer gesagt, wer in der heilig Osternacht nüchtern bleibt, für den is das Fegfeuer zu kalt.«

Auch auf den Dechanten, ob er wollte oder nicht, strahlte mit dem Wein und den Speisen und dem frühen, über der dunkelblauen Waldkuppe aufsteigenden Mond etwas von seiner wohlig-gemächlichen Genesungslaune aus. Es schien in dieser Stimmung nicht ganz leicht, den rechten Anfang zu einem ernsten, vielleicht streitbaren Gespräch zu finden. Ob Matthias Hochleithner wohl ahnte, wo seine Nichte sich jetzt befand — und mit wem?

Als hätte der Leibesbräu seine Schwierigkeiten erspürt und wollte ihm eine Brücke schlagen, beugte er sich plötzlich vor und schaute ihn mit zusammengekniffenen Lidern an.

»Wissen S' schon?« fragte er – und nach einer längeren Spannungspause hängte er ohne besondere Betonung, ganz beiläufig, an: »Hochzeiten wer ma.«

»Hochzeiten«, wiederholte der Dechant mit leerem Ausdruck und stellte das halb erhobene Glas hart auf den Tisch.

»Alt genug is«, sagte der Bräu, »Zeit wär's. Man kann net ewig auf ein Jungmensch aufpassen. Soll sich ein anderer die Last machen.«

Er lehnte sich zurück, schmeckte behaglich ein Aufstoßen und maß sein Gegenüber mit einem Blick, mit dem ein Forscher ein geimpftes Meerschweinchen beobachten mag.

»Es kommt drauf an«, sagte der Dechant heiser, »es kommt drauf an – ob er der Würdige ist.«

»Glauben denn Sie«, fragte der Bräu, »daß er nixwürdig is?«

Er schien sich daran zu weiden, den Dechanten noch weiter in Unklarheit zu lassen und ihn zu einer direkten Erkundigung zu treiben.

»Mir ist«, sagte der Dechant nach einigem Nachdenken, »ihre Wahl bis derzeit nicht bekannt worden.«

»So«, sagte Matthias Hochleithner und nahm einen tiefen Schluck. »Ja hörn S' denn net, was geredt wird?«

»Dorfklatsch«, sagte der Seelenbräu, »und Weibertratsch, das is nix, wo man hinhört.«

»Das sagt der Ammetsberger auch«, nickte der Bräu und füllte des Dechanten Glas nach.

Jetzt war ein Name gefallen – wenn auch in apokrypher Form –, aber für die einfache Denkart des Dechanten war kein Zweifel möglich. Der Ammetsberger. Und die Clementin steckte mit dem Junglehrer, zwar nicht allein, im Burgverlies – doch dem Junglehrer, das hatte er gesehen und verspürt, gehörte ihr Herz.

Drinnen in der Wirtsstube schwoll aus einem brodelnden Gewirr von Stimmen und Gläser- oder Geschirrklickern der knödelige Bariton des Florian Zipfer, der – von sonntäglicher Chorpflicht befreit, ohne zu ahnen, daß das Ohr seines Meisters nahe war – in kunstlosem Biergesang schwelgte: »Wo is denn heut der Häuslmoa – der Häuslmoa – der Häuslmoa –«. Andere fielen ein. Es war das Stammlied der Köstendorfer ›Prangerschützen‹, das sie nächtelang durchsingen konnten. Der Herr Bräu lachte und wiegte sich im Takt. »Wo is denn heut mei Zipfihaubn – mei Zipfihaubn – mei Zipfihaubn –«, brüllte er anfeuernd ins offene Fenster hinein. Der bucklerte Kappsberger Hansl war auf das Sims geklettert und quetschte die Ziehharmonika.

Der Dechant aber hatte, ohne es zu merken, sein drittes Glas geleert. Plötzlich neigte er sich heftig zu Matthias Hochleithner hinüber und legte ihm die Hand auf den Arm.

»Sind Sie gewiß«, fragte er fast rauh, »daß er der Richtige ist? Und daß – daß sie ihn mögen tut?«

»Rosa!« rief der Herr Bräu. »Ein Doppelliter!«

»Mögen«, sagte er dann – und sein Blick folgte dem schwerfällig tragenden Gang der Kellnerin –, »mögen. Wenn man warten will, bis ein Madl den Richtigen mag, dann lauft's ei'm derweilen mit dem ersten besten Strizzi davon.«

Recht hat s', wenn's davonläuft, hätte der Dechant beinah gesagt, und er erschrak nicht einmal bei dem Gedanken. Er spürte ein Feuer in sich aufsteigen, wie er es nie oder höchstens in jungen, kampfheißen Tagen gekannt hatte. Es war das Feuer der Empörung. Es war die Flamme der Menschlichkeit.

»Herr Bräu«, sagte er mit großem Ernst, »ich bin nicht befugt, mich in Ihre Entscheidungen einzumischen. Aber ich sag's, ob Sie's hör'n wollen oder nicht. Die Clementin, die muß glücklich werden. Glücklich! Darauf allein kommt's an. Und nicht auf uns alte Leut. Verstehen S', was ich mein?«

»Wer ist glücklich?« sagte Matthias Hochleithner nach einer längeren Pause, während er die Gläser gefüllt und den Dechanten mit einem unergründlichen Blick beobachtet hatte. »Wer ist glücklich?« wiederholte er und hob kurz die Hände, wie es Pontius Pilatus getan haben mochte, als er die ewig unbeantwortete Frage aussprach, was Wahrheit sei.

»Schau«, sagte er nach einem Schluck – denn er war jetzt schon dort, wo er selbst den Hochwürdigen zu duzen anfing. »Schau da hinüber.« Er wies mit dem Handrücken nach der im verebbenden Föhn und im stärker aufstrahlenden Mondschein dunkel hingezeichneten Gipfelkette des Watzmanns, des Untersbergs und des Stauffen vorm lichtschwimmenden Horizont.

»Es hat amal eine Zeit geben, da war'n auch die noch net da. Und einmal wern s' zammfallen wie ein alter Heustadl. Oder platzen wern s' wie ein überhitzter Dampfkessel. Aber für uns – für uns – da stehn s' wie die Ewigkeit. Was is denn schon ein Mensch.«

»Das klingt«, sagte der Dechant, mißtrauisch und verwirrt, »als wie ein Atheismus.«

»Naa«, sagte der Bräu mit einem gutmütigen Lächeln, »so is net gemeint. Mit dem Herrgott, da möcht ich mir nix anfangen. Aber der Herrgott, der laßt sich Zeit. Und nur aufs Zeitlassen kommt's an. In fünf Jahren schaut immer alles ganz anders aus — ob einer glücklich is — oder unglücklich.«

»Das ist mir gleich«, rief der Dechant, »wie Sie das meinen« — denn die heilige Flamme war jetzt erst recht und stärker in ihm angefacht — er hätte jedem unrechten Spruch getrotzt, auch wenn er vom Höchsten kam, er hätte Gott und die Welt bis aufs Messer bekämpfen können, vor allem sich selbst.

»Das ist mir gleich«, rief er noch einmal, »aber die Clementin, die muß den Mann kriegn, den s' gern hat.« Dabei hieb er mit der Hand auf den Tisch, daß die Gläser hüpften.

»Sie hat ihn ja gern«, sagte Matthias Hochleithner und zwinkerte verschlagen.

»Den Ammetsberger?« fragte der Dechant fast schreiend und zog ungläubig die weißen Brauen in die Höhe. Der Herr Bräu antwortete nicht gleich, sondern stieß ein tief amüsiertes, koboldmäßiges Kichern und Glucksen aus.

»Da kommt s' selber«, sagte er und deutete zur dunstwogenden Landstraße hin. Gleich darauf stand die Clementin vor ihnen am Tisch. Sie mußte gelaufen sein. Ihr Atem ging rasch, ihre Augen strahlten. Sie sieht glücklich aus, dachte der Dechant.

»Grad hab ich's Hochwürden erzählt«, redete ihr Onkel sie an, »daß du heirigen tust.«

»Ach«, sagte sie nur und wandte ihr Gesicht, von einer leichten Verwirrung durchwölkt und doch von innen strahlend, dem Dechanten zu. Es war ein fast bittender, hoffender, kindlich vertrauender Blick, mit dem sie in seine Augen sah.

Er erhob sich ein wenig mühsam, denn er spürte den Wein, und er wußte nicht recht, was er sagen sollte. »Mein liebes Kind«, brachte er schließlich vor und streckte zögernd die Hand aus, »mein liebes Kind —.« Im gleichen Augenblick aber fühlte er ihre Arme um seinen Hals und ihre heißen Lippen, rechts und links, auf seinen Wangen.

Dann riß sie sich los und war mit einem Handwinken, mit einer gelösten Haarsträhne auf ihrem Ohr, mit einem fliegenden Wehen von ihrem Rock und ihrem Schultertuch in die dunkle Allee hinauf verschwunden. Der Dechant setzte sich nicht wieder. Er hatte sich tief gebückt, kramte unter der Bank nach seinem Hut und seinem Henkelkorb. Als er schließlich den Rücken hob und sich zum Herrn Bräu wandte, war sein Gesicht vom Bücken stark gerötet. Doch seine Augen lachten.

»Das hat aber net nach dem Ammetsberger geschmeckt«, sagte er mit einem strafenden Kopfschütteln.

»Wer hat denn von dem g'red't?« fragte Matthias Hochleithner mit einem runden, erstaunten Schauspielerblick. Dann aber erhob er sich auch, zog den Mantel fester um die breiten Schultern.

»Nix für ungut«, sagte er, indem er dem Dechanten die Hand hinstreckte. »Und dank schön für den Besuch. Das Madl hat sich gefreut. Ich auch.«

»Selber dank schön«, sagte der Seelenbräu und preßte herzlich die dargebotene Tatze mit der seinen, die eher noch ein wenig größer und breiter war. Und bevor er sich zum Gehen wandte, leerte er – diesmal mit Genuß und Verstand – ein viertes Glas Dürnsteiner.

Hinter ihm her, während er die nächtige Dorfstraße entlang schritt, jauchzte mit doppelter Stärke der Schützengesang aus dem Wirtshaus, in das der Herr Bräu jetzt eingetreten war. Alle übertönend, und schon im trunkenen Diskant, die Stimme seines Mesners Florian Zipfer:

»Aber heut – aber heut – da gehn mer net haam – da gehn mer net haam – da gehn mer net haam – bis daß der Gugutzer schreit –.«

»So a Falott«, murmelte der Seelenbräu vor sich hin und lächelte im Finstern. Vielleicht meinte er den Zipfer. Vielleicht den Leibesbräu. Vielleicht sich selber. Er wußte es nicht, es war ihm gleich, sein Schritt ging leicht und beschwingt. Er wußte auch nicht, ob er die größte Niederlage oder den größten Sieg seines Lebens hinter sich hatte. Auch das war ihm gleich. Für seinen Erzfeind, kam ihm vor, hatte er den Brautwerber gemacht. Und jetzt war ihm so wohl ums Herz, als wäre er selber der Hochzeiter.

»Gsch'gsch«, machte er plötzlich und schwang seinen rasselnden Binsenkorb in die Richtung einer überdachten Hausecke, um die ein aufgeschrecktes Liebespaar hastig ins Dunkel entfloh. Er hätte sich totlachen können.

»Gut war er«, sagte er schnalzend und schmeckte den Dürnsteiner auf dem Gaumen. Ein kühler Luftzug wehte ihm ins Genick, der Wind hatte gedreht, der Mond war auf einmal verschwunden, und mit einem Schwall dicker Finsternis schauerte ein unverhoffter, sprühender Aprilregen hernieder. Auch das kam dem Dechanten erheiternd vor.

»Wachswetter«, sagte er laut und nahm den Hut ab, daß die Tropfen in seine weißen Haare prasselten. Bis er aber den holprigen Kirchberg hinauf war, kam der Mond schon wieder heraus, er schien jetzt viel greller als vorher, er spiegelte sich blinkend in den flachen Regenpfützen, er glänzte auf dem Kirchendach wie geschmolzenes Blei. Von den Seehöfen drunten, mit dem Geschrill und Geknatter der Frösche schnarrten seltsame, unheimlich verstellte Troll- oder Perchtenstimmen, bald in Kopf-, bald in Baßtönen, bald rasch und meckernd gleich Bocksgeschrei, bald in einem stampfenden, abgehackten, röhrenden Gequak und Gestöhne. Das war der Fensterlschwatz, uralter und immer neu erfundner Reim- und Rhythmenbann, mit dem irgendwelche waldversteckten Burschen irgendein angstgeschrecktes, erwartungszitterndes Jungmensch, vielleicht beim Seebrunner, vielleicht beim Soagmüller, vielleicht beim Roiderfischer, auf ihr Kommen vorbereiteten und andere, zu denen sie nicht kamen, ausrichteten und verhöhnten. Auf dem Friedhof aber, dessen Mauerecken, Kreuze und Steinmäler der nackte Hexenmond in scharfen Schatten auf die Gräber warf, stand in einem schwarzen Kreis von Erde ein Mann und machte langsame, auf und nieder schwingende Bewegungen mit seinem Rücken, als ob er zaubern wolle. Der Dechant wußte gleich, daß es der Dodey war, und daß er nichts anderes tat, als ein Grab zu graben. Er stand ja schon bis zu den Knien in der Grube.

»Grüß Gott«, sagte der Seelenbräu und lehnte sich über die Mauer. »Grabst noch so spät?«

»Besser is besser«, murmelte der Dodey und wischte sich den Schweiß.

»Recht hast«, nickte der Dechant, der wußte, daß es sich um die letzte Stätte für den neunzig Jahre alten Huemer handelte, der zwar daheim noch atmete, aber nichts mehr von sich wußte und schon die Wegzehr empfangen hatte. Er verstand auch heute nacht besonders gut, daß der Dodey lieber auf Vorschuß grub, als etwa am Feiertag arbeiten zu müssen, oder gleich hinterher, wenn ihm vom Feiern der Kopf noch brummte. Er sah, wie der Dodey sich bückte und ein paar morsche, aus der aufgegrabenen Huemerschen Familiengruft herausragende Beiner mit milden Fingern beiseiteschob.

»Das muß vom Urgroßvater sein«, sagte er dabei und nickte dem Brustbein mit den bleichen Rippen zu wie einem alten Freund.

»Komm«, sagte der Dechant, indem er durch das Mauerpförtchen schritt, »i helf dir a bißl.«

Er nahm die Grabschaufel und begann wegzuschippen, was der Dodey aufharkte. Das tat ihm besser, als schlafen zu gehen. Tief zog er den Atem ein. Es roch nicht nach Tod und Verwesung. Es roch nach Graswurzeln und nach der feuchten, kräftigen Frühlingserde. Der Dechant schippte heiter, bis er zu schwitzen begann, und es schien ihm ganz natürlich, daß sie da auf dem hell beschienenen Kirchhof standen und eines Mannes Grab gruben, der noch gar nicht gestorben war. Nach einer halben Stunde fühlte er sich müd genug und wanderte langsam dem Pfarrhaus zu. Hinter ihm her wanderte der Mond. Er flimmerte in den Brunnen und funkelte in den Fenstern, er legte blasse Quadrate auf die Böden der stillen Bettkammern, er ließ die klebrigen Knospen wie kleine Laternen schimmern, er glomm durch die Ritzen der Viehställe, in denen ein Stroh raschelte, eine Kette klirrte. Er fleckte zwischen Bräu und Villa die dunkle Kastanienallee, durch die sich jetzt eine schwere, schwankende Gestalt, grunzend in schläfriger Vergnügtheit, Hand für Hand am glatten Holzgeländer nach Hause zog.

Wie stets, wenn man erwarten durfte, den Seelenbräu zu hören, war die Kirche zum Hochamt überfüllt. Die starke Sonne des Ostermorgens brach sich in den gemalten Scheiben und schüttete einen stäubenden Strudel vielfarbiger Prismen über die fahlen, abgetretenen Steinfliesen aus. Die Flügel des Hochaltars waren mit frischen Blumen und Zweigen geschmückt. Auf der Frauenseite war ein schwarzer Glanz von den seidenen Haarschleifen und ein Geflimmer von den wenigen alten Goldhauben. Auf den Vorderbänken saßen die weißgekleideten kleinen Mädchen so dicht, daß es von oben aussah, als wäre ein Schnee gefallen. Die Männer und jüngeren Mägde standen bis zu der halbgeöffneten Türe hinaus, durch die der kräftige Wiesenhauch hereinwehte. Hinterm Glas des Chorsitzes verschwommen, war Matthias Hochleithners bärtiger Riesenschädel erschienen, der immer erst nach der Predigt auftauchte. Schon war die Heilige Wandlung vorüber, man hatte sich aus der tiefen Kniebeuge wieder aufgerichtet, der erste goldene Glockenschwall vom Kirchturm war verhallt, die erste feierliche Salve der Prangerschützen verdonnert, jetzt kam eine kurze Stille, in der nur die Priester- und Ministrantenstimmen murmelten, und viele Blicke richteten sich verstohlen zum Orgelchor hinauf. Als sich aber der Dechant, heute wie immer, nach einer raschen Verständigung mit Rosina Zipfer auf seinen Orgelsitz begab, um seinem eignen Solo zu präludieren, da legten sich plötzlich zwei kühle Hände rechts und links auf seine

Wangen, und als er sich halberschrocken herumdrehte, schaute er in das lächelnde Gesicht der Clementin – und eh er sich auch für eine Sekunde überlegen konnte, was sie denn jetzt und hier zu suchen habe, da sie doch längst nicht mehr zum Kirchenchor gehörte, hatte sie ihm mit sanfter Raschheit die alten, vergilbten Noten vom Orgelbrett genommen und einen dicken, frischgebundenen Pack handgeschriebener Singstimmen in den Schoß gelegt, auf deren erster Seite in großen Goldbuchstaben gemalt war:

›Ihrem verehrten Meister – zu seinem kommenden Jubiläum – der Köstendorfer Kirchenchor.‹

Bevor er aber imstande war, die Worte zu entziffern, und überhaupt den Sinn der Störung zu begreifen, gewahrte er den Junglehrer Franz Haindl, in einem dunklen Anzug, mit blitzender Brille, mitten unter den Chorknaben – jetzt war die Clementin an ihren alten Platz auf der Mädchenseite getreten – auf ein Zeichen von ihr hob der Junglehrer die Hände – kaum hörbar hatte er den Buben, die Clementin den Mädchen den Einsatzton gegeben – und im strahlenden Ernst der frischen Stimmen erschallte es durch das tiefstille Kirchenschiff:

Singet dem Herrn ein neues Lied.
Lobet den Herrn in Seinem Heiligtum.
Lobet Ihn in der Feste seiner Macht.
Lobet Ihn in seinen Taten. Lobet Ihn in
Seiner großen Herrlichkeit.
Lobet Ihn mit Posaunen. Lobet Ihn mit
Psalter und Harfe.
Lobet Ihn mit Pauken und Reigen. Lobet Ihn
mit Saitenspiel und Pfeifen.
Lobet Ihn mit hellen Zimbeln, lobet Ihn mit
den wohlklingenden Zimbeln.
Alles, was Odem hat, lobe den Herrn.
Halleluja –

Es war der 150. Psalm, und die Musik war von Johann Sebastian Bach. Der Dechant aber wußte nicht, was es war. Durch sein einfältiges Gemüt ging für einen Herzschlag der Gedanke, daß er vielleicht gestorben sei – an der Orgel gestorben – und daß ihn der Himmel mit einem Engelschor empfange. Denn von Menschen – von Kindern – hatte er niemals Ähnliches gehört. Dann jedoch merkte er, daß er noch lebte. Denn eine Seele fühlt nicht den Zwang, sich zu schneuzen. Es war ein kaum widerstehlicher Zwang, er bekämpfte ihn tapfer, bis der letzte Ton verklungen war, obwohl es in seinen Augen biß und brannte,

als habe er Zwiebeln geschält. Wie im Traum hatte er sich erhoben und schritt ganz langsam dem Hintergrund des Chores zu, wo jetzt der Franz Haindl und die Clementin in der Mitte seiner Kinder beisammenstanden – und während er zwischen ihnen hindurchging, berührte er mit einer fast segnenden Bewegung seiner beiden Hände ihre und seine Schulter.

»Schön war's«, flüsterte er, und das war alles, was er hervorbrachte. Dann ging er – immer noch wie ein Traumwandelnder – die gewundene Steintreppe hinunter und in die freie Luft hinaus. Ohne recht zu wissen, was er tat, bückte er sich zu einem ganz kleinen flachsköpfigen Kind herab, das vor dem Kircheneingang, wohl auf seine Mutter wartend, mit Steinchen spielte, und küßte es auf die Locken.

Drinnen standen und knieten die Köstendorfer wie von einem Zauber berührt. Kaum ein Atemhauch, kaum ein Räuspern war zu vernehmen. Nur ein einzelnes kurzes Schluchzen klang auf – und das kam aus der Ecke, wo allein im Pfeilerschatten die schwerleibige Kellnerin kauerte. Denn der Ammetsberger war abgereist.

Als das Ite und der Segen vorbei waren, ertönte vom Chor herab noch einmal – lauter, jauchzender, stärker das zeitliche Lob aller ewigen Schönheit, das Lob des Himmels und der Erde, das Lob der Schöpfung und der Geschöpfe, das große Lob der Musik.

Der Ostertag schwang wie eine blaue Fahne überm Kirchdach. Der Turmhahn blinkte, als wolle er in die Sonne springen. Tausend Lerchen jubelten in der Höhe.